心理咨询系列

想飞想飞怎么飞

XIANGFEI XIANGFEI ZENME FEI

徐宁 主编

时代出版
时代出版传媒股份有限公司
安 徽 文 艺 出 版 社

图书在版编目(CIP)数据

想飞想飞怎么飞 / 徐宁主编.—合肥 : 安徽文艺出版社, 2014.3
(心理咨询系列)
ISBN 978-7-5396-4870-5

Ⅰ.①想… Ⅱ.①徐… Ⅲ.①青春期—心理健康—健康教育
Ⅳ.①G479

中国版本图书馆 CIP 数据核字(2014)第 044401 号

出 版 人:朱寒冬
责任编辑:李 芳　　装帧设计:张晓娟　闻 艺

出版发行:时代出版传媒股份有限公司　安徽文艺出版社
地　　址:合肥市翡翠路 1118 号　邮政编码:230071
印　　制:合肥瑞丰印务有限公司

开　　本:710 × 1000　1/16　印张: 12
版　　次:2015 年 11 月第 1 版　2024 年 1 月第 3 次印刷
定　　价:39.80 元

目 录

第一章 塑造轻松灵魂,像雄鹰一样翱翔

第二章 打造完美心理,铸就优秀的自我

第三章 解答行为心理,做回原来的自己

第四章 时刻梳理情绪,拥抱积极的生活

第五章 克服交往障碍,提升人气的指数

第六章 拨动内心琴弦，品位百味的人生

第七章 拥有良好心态，滋润心灵的花园

第八章 搭建梦想桥梁，敞开心扉的大门

第九章 用目标打开路，放飞青春的梦想

第一章 塑造轻松灵魂，像雄鹰一样翱翔

塑造灵魂开启心智，像雄鹰一样翱翔蓝天，来唱响青春之歌！

面临着激烈的生存竞争、学业的沉重压力以及成长过程中的种种烦恼和困惑，每一个青少年在追求卓越、立志成长的道路上，心理上都承受着多种压力和无奈，背上沉重的精神包袱，从而阻碍了他们的成长与发展，甚至导致一些青少年走向自我毁灭的道路。其实，青少年应放开胸怀，为自己时刻塑造轻松灵魂，像雄鹰一样在广阔的蓝天上自由翱翔。

1.时刻清扫心灵的垃圾

有位哲人说：人是最会制造垃圾污染自己的动物之一。的确，清洁工每天早上都清理人们制造的成堆垃圾。有形的垃圾容易清理，人们内心诸如烦恼、欲望、忧愁等无形的垃圾并不容易清理。青少年在青春的大道上一路走来，心灵不可避免的会沾染上尘埃，使原本纯洁无瑕的心灵受到污染和蒙蔽。久之，心灵垃圾堆积成山，就会成一块心病。

养成清除心灵垃圾的习惯

考试不及格，郁闷；和同学吵架了，心烦；作业没完成，压抑……这样的情景每个青少年都经历过，但是却很少有人走出这样的心灵阴影。殊不知，这些心灵垃圾“日积月累”就会造成“心疾”，阻碍自己成长的道路。

在生活中，很多人忽视了真正的垃圾，或者，出于种种的担心与阻碍又不愿去扫，有形垃圾尚且如此，何况心灵垃圾呢？青少年正处于一个复杂而骚动的青春期，对于心灵的垃圾，往往视而不见，而这种做法是不对的。大家应养成每天清除心灵垃圾的习惯，让自己的心灵永远处于轻松的状态。

美国哈佛大学校长来北京大学访问时，讲了一段自己亲身经历的故事。

有一天，校长向学校请了三个月的假，然后告诉自己的家人：不要问我

去什么地方，干什么，我每个星期都会给家里打来电话，报个平安。校长只身一人去了美国南部的农村，尝试着过另一种所谓的幸福生活。在农村，他到农场去打工，去饭店刷盘子，在田地做临时工，连吸支烟或跟工友说句话都得偷偷地做。最让他难忘的是，最后他在一家餐厅找到一份刷盘子的工作，只干了 4 个小时，老板就把他叫来结账，并对他说："可怜的老头，你尽管很努力，可刷盘子太慢了，你被解雇了。"经历了这一切之后，他又重回到了哈佛，回到自己熟悉的工作环境，这时，他觉得以往单调乏味的生活一下子变得新鲜有趣起来，工作成了一种全新的享受。这三个月的经历，像一个孩子搞了一次恶作剧，但他却真切地体验到另一种生活的不易。更重要的是，这次经历清除掉了原来在心中积攒多年的"垃圾"。

事实也正是如此，人们生活中有太多的无奈。随着岁月尘埃的漂浮，心灵里就会积满各种各样的垃圾。只有定期打扫和洗涤自己的思想，清除心灵里的垃圾，才不至于使思想和心灵蒙上灰尘，才能更好地享受生活上的快乐与幸福。

青少年内心的烦恼、忧愁、压抑、抑郁、猜疑、抱怨、愤怒等时刻都会堆积成山的垃圾，这些若不及时清扫，就会影响自己的判断力，就会犯错误，或者做出一些蠢事、傻事或坏事，使人生的道路充满坎坷。所以，养成时刻清扫心灵垃圾的习惯，并时不时告诉自己：每天扫一点，每一次的清扫，并不表示这就是最后一次，而且没有人规定你一次必须扫完。但你至少要经常清扫，及时丢弃或扫除拖累你心灵的东西。

放平心态，刷新心灵

青少年在成长的道路上，不管遇到什么困难或挫折，都要学会放平自己的心态，时常刷新自己的心灵。孔子曰：吾日三省吾身。一个心境常扫的人，心灵才会时刻保持清洁光明。俗话说：千里之堤，溃于蚁穴。不要小看尘埃的淤泥，存得久了，就很难再清干净了。

大家在注重外表修饰和打扮的同时，更要懂得清扫心境，学会心的美容。有位哲人说：懂得清扫心境，是大智；敢于清扫心境，是大勇。的确，青少年在清扫心境的同时，也是在认识自己、改正错误、提高自己。就如同一股清泉，将思想里的浅薄、浮躁、消沉、自满等污垢涤荡干净，重奏清新、激扬的旋律，让生命重放异彩，生机勃勃。

有个小和尚，每天早上负责清扫寺庙院里的落叶。在冷飕飕的清晨起床扫落叶实在是一件苦差事，尤其在秋冬之际，每一次起风时，树叶总随风飞舞落下。每天早上都需要花费许多时间才能清扫完树叶，这让小和尚头痛不已。他一直想要找个好办法让自己轻松些。

后来有个和尚跟他说："你在明天打扫之前先用力摇树，把落叶统统摇下来，后天就可以不用辛苦扫落叶了。"小和尚觉得这真是个好办法，于是隔天他起了个大早，使劲的猛摇树，这样他就可以把今天跟明天的落叶一次扫干净了。一整天小和尚都非常开心。

第二天，小和尚到院子一看，他不禁傻眼了。院子里如往日一样还是落叶满地。老和尚走了过来，意味深长地对小和尚说："傻孩子，无论你今天怎么用力，明天的落叶还是会飘下来，所以要放平自己的心态，每天清扫落下来的树叶。"

的确如此，树叶每天都在落，人们的心灵每天也都在不停地变化着。地面不常扫，就不会有一个干净清洁的庭院，落叶越积越多、尘埃越落越厚，庭院便成垃圾场了。人生也如此，一个人如不常清扫自己的心境，久了，财、色、利、赌、贪、懒等等，就会在心灵中、在思想上积重难除，也就无从再有一个宁静宽舒的心境了。

生活中，每个人都有清扫心灵垃圾的任务。每当大家整理好自己最爱的书籍、资料、照片、唱片、影碟、画册、衣服后，会发现：房间原来这么大，这么清亮明朗，自己的房间更可爱了。

其实，心灵的房间也是如此，如果不把污染心灵的废物一块一块地清除，势必会造成心灵垃圾成堆，而原本纯净无污染的内心世界，亦将变成满地污水，变得更加的贪婪、更加的腐朽、更加的不可救药。快乐是要自己快乐，让别人来分享你的快乐，每天早上，把最难处理的无形垃圾诸如：怨、恨、恼、怒、烦……请垃圾车全部带走，你今天就没有垃圾了。也就是说，只要你每天清扫心灵的垃圾，你就能得到幸福和快乐。

2.改变态度，改变生活

一个小女孩趴在窗台上，看见窗外的人正在埋葬她心爱的小狗，不禁泪流满面，悲痛不已。她的外婆看见了，连忙将她引到另一个窗口，窗外正是她的玫瑰花园。结果，小女孩的愁云马上为之一扫，心中顿时变得明朗，脸上也露出了可爱的笑容。老人说："孩子，你开错了窗户。"

生活中就怕开错了"窗"

生活中也是如此，我们常常因为开错了"窗"，而使看到的悲伤一幕久久沉积于心底无法排遣，甚至成为一生的累赘；而我们却不曾想到，应该还有另外一扇窗，窗外风景如画。所以，当你累了、伤悲了的时候，何不像小女孩一样，打开自己的另一扇窗，换一种心情去看这世界，你就会发现美好的画面还是多的。

有这样一个故事，说是有个老太太，她有两个儿子，大儿子是卖雨伞的，小儿子是卖扇子的。天晴的时候，老太太发愁了，这大儿子的雨伞卖不出去可怎么办啊？下雨了，老太太又发愁了，小儿子的扇子一把也没卖出去，这日子可怎么过呀。长此下来，老太太就得了忧郁症，整天愁容不展的，人也苍老了许多。于是两位儿子就请来了城里有名的医生来给她治病，但吃了很多药老太太的病情还是没有好转。一天，老太太的一位邻居听说了这事，就对老太太说："你看，今天天气真热，你小儿子的扇子店生意肯定不错；明天要是下雨了，你大儿子的雨伞又可以卖个好价钱了，你应该天天高兴才是，有什么好发愁的呢？"老太太一听觉得说得对呀，自己怎么就没想到呢？说着自己也笑了起来，从此老太太的病也好了，整天还乐呵呵的。

换一种心情看生活，你就会发现，生活处处都充满着美好！

亲爱的青少年朋友们，生活就像是一本书，每一天就像是翻开书中新的一页，我们应该精心地阅读每一页，不可草率掠过。当你静心阅读每一天的生活的时候，只要你用心发掘，你会发现，原来每时每刻都有可贵的东西，而一旦捕捉到了，它们就会永远留在你的内心深处，甚至影响你的一生。

有句话说得好，我们不能改变天气，但是我们可以改变笑脸，请展开你紧皱的眉头吧，不要陷入生活中不如意的一面而心烦意乱、情绪消沉，让我们的天天开心，改变我们的心情气氛。这样就能够给我们带来好运气，也会使自己成为一个快乐的发源地！

改变角度，改变人生

生活中，当我们遇到不如意时，就应换个角度看待生活，换个方式活着，人活一生不能只用一种方式过日子,要不断更新,不断调整才行。生活中,并不是所有人的一生是一帆风顺的,人们总会遇到种种不如意的事,遭遇各种各样的痛苦和不幸,然而,心态不同,结果就大不一样。在如今这个竞争日益激烈的社会中,心态的好坏往往决定着一个人命运的好坏。

人与人之间本来并没有多大的差别,造物主给人们的都是一样的头脑和四肢,一样的思维能力和行为能力,一样的24小时的时间,有些人最终收获了成功,有些人却一辈子平平庸庸。造成这两种截然不同人生的原因,就在于他们对待人生的态度不同。成功人士的心态永远是积极的,他们总是百折不挠,永远充满了昂扬进取、乐观向上的战斗精神;而失败者的心态却是消极的,他们的人生总是被过去的种种失败与疑虑支配着,在他们眼里,成功已经是遥不可及的了。所以,大多数的失败者不是被别人打败的,而是未战先怯,自己先放弃了成功的希望,他们是被自己消极的心态打败了。

有这样一个故事:有一家皮鞋公司派了两组人去开拓非洲市场,一周后分别收到两个组长的电报,一个说,市场无限大,因为非洲土人都还没穿鞋呢;另一个却说,没有机会,因为非洲土人都不穿鞋。公司采纳了第一个组长的建议,结果,还真是大赚了一笔。可以想象,如果公司听从了第二个组长的建议,那该是多大的损失呀!同样,在生活中,当我们在遇到不如意时,如果我们都能看到事情好的一面,那人生也就不会有那么多痛苦了。

桌子上放着半杯水,一种人认为这杯水是半满的,于是他每天向杯中倒入一滴水,最终有一天,水真的满了而且还溢了出来;而另一种人则认为杯是半空的,每天总是对着剩下的半杯水发愁,想着有一天水要是没了怎么办啊,直到有一天水终于被蒸发干了。同样是半杯水,为什么会有如此大相径庭的结果呢?心态不同所致。

所以,当你在不经意间被小偷光顾时,你就要想,可能他比我更需要钱吧!就当是自己做了一回好事,帮了别人一把;当你的家人在你的耳边唠叨个不停时,你就要想,他们是太喜欢我了,所以才会这样跟我说话,要不然,他们才懒得管我呢;当你听到最好的朋友在说你坏话时,你就要想,可能是因为我们彼此间了解得还不够,看来我做得还不够好,我们应该进一步沟通一下。如果凡事你都能抱以这样的心态,那幸福就离你越来越近了。

青少年朋友们,生活中遇到一些困难或不愉快的事情的时候,不要一味地抱怨,要学会改变自己的态度。“上帝是公平的,给谁的也不多,给谁的也不会少。”所以，当一个人开始产生抱怨心理的时候，他(她)完全是在跟自己过不去。这世上没有谁比谁差多少，没有翻不过的山，没有过不去的坎儿，只要你不抱怨，认真地想解决问题的办法，拥有一颗平衡的心，勇敢地面对自己，面对自己的内心，面对自己的人生，那么，你一定会活得很精彩的。

3.为自己学会放弃而鼓掌

人生在世，难免会有一些空白和遗憾，只有那些足够成熟的人才会懂得适时的放弃才是最重要的。因为生活不仅仅是单纯的取与舍，不要斤斤计较失去的，有时失去的比得到的更可贵。

青少年处于一个不断成长的阶段，面对的东西当然也是很多，选择也不少。有些东西不必过于坚持，为什么有的人就会幸福，最大的原因就是因为幸福的人只记得一生中满足之处，不幸福的人只记得相反的内容。选择一棵树而放弃森林，这是另一种珍惜。放弃是为了更好地得到，在扬弃中进行新一轮进取。做出正确的取舍，才能把握命运，放弃也是一种美丽。

放弃是一种美丽、一种获得

在人生的旅途中，一个人如果喜欢把自己所遇到的每件东西都背上，身上负重，这样就会感觉特别的累，保证不了哪天会因身负如此沉重的东西而停止不前或倒地不起。在车站，我们看到走得最累的是那些背着大包小包的人。这就告诉我们一个道理：“携带越少才会越超脱；如果一个人越是淡泊那么精神就越自由。”

其实，很多时候，放弃就意味着你更加懂得珍惜什么，而且让你更加明白了适时放弃的重要。有舍才会有得，这才是放弃之美，有句话说得好：明白的人懂得放弃，真情的人懂得牺牲，幸福的人懂得超脱！“不以物喜，不以己悲”，“宠辱不惊看庭前花开花落，去留无意望窗外云卷云舒”，如果说这种境界，是我们常人难以企及的，那我们就学会放弃吧，放弃同样也是另一种美丽。对于青少年朋友来说，以后的路还有很长，明白放弃也是一种美丽就是一种十分明智的选择。

有这样一个寓言故事：有两条河流同时从源头出发，相约流向大海。它们穿山过涧，过了一段时间，他们就来到了沙漠的边缘。

第一条河流说：“我一定要过去，无论付出多么大的代价！”另一条河流则明智地说:“不如回去再辟新径吧!我们如果继续前进,很有可能走不出沙漠就干涸了。”结果第一条河流继续前进,干涸在沙漠里;另一条回到源头,再辟新径,最终流向了大海。

难道,第二条河流不正是因为放弃而获得新生的吗?放弃可能是痛苦的,但是你的每次放弃都将无愧于自我,学会了放弃你才能够向成功的彼岸迈进。放弃不但能使人取得成功,也能使人生更有价值。

无独有偶,报纸上曾经刊登过这样一件事:一位以捡破烂为生的老头,捡到了一个装有十几万现金的皮包。面对着十几万元的诱惑,这位老头选择了放弃,把钱如数交给了警察。这十几万是这位以捡破烂为生的老头终其一生也赚不到的,但他选择了放弃。虽然他放弃了十几万的巨额现金,但他获取了人生的价值。

青少年亦是如此,应大胆地学会放弃。周末,放弃上网聊天的时间,发展特长,看似放弃了很多,但生活是充实的;考试时,放弃一道苦思冥想也不会做的填空题,把更多时间放在完成会做的题上,看似放弃了,但获得的更多。要装进一杯清泉,你就必须选择倒掉已有的陈水;要获取一支玫瑰,就必须选择放弃到手的蔷薇。虽然放弃了但同时你也获得了。在我们的生活中,青少年会遇到一个又一个的十字路口,太多的选择,太多的放弃,就在这选择与放弃中大家走向了成熟,走向了成功的彼岸。

适当的放弃是一种智慧

放弃是需要很大的勇气来面对的,对于青少年朋友们来说,放弃就是一种选择。走在人生的十字路口,你必须学会适当地放弃不适合自己的道路;面对失败,你必须学会放弃懦弱;面对成功,你必须学会放弃骄傲;面对老弱病残,你必须学会放弃冷漠,实施救助……我们只有在困境中放弃沉重的负担,才会拥有必胜的信念。放弃我们必须放弃的、应该放弃的,甚至比拥有更重要。

在很久以前,一个人请教智者。智者带他到一条由五彩石铺成的小路,还给他一个很大的背篓,要求他把小路上他喜欢的石头都捡进背篓里。

于是,此人无论是在路上遇到什么颜色、样式的石头,都一一捡进自己的背篓。终于有一天,他的双肩沉重得支持不住,一跤跌倒。智者见状,让他把最喜欢的石头留下,其余的统统扔掉。

他就照着智者的话，把他最喜欢的石头留了下来。这样一来，他顿时感到轻松无比，很快便抵达尽头。虽然他放弃了很多五彩斑斓的石头，但他却获得了自己最喜欢的那些石头，并获得了轻松、愉快的心情，取得了成功。

因此，我们要学会放弃。因为放弃，我们才会获得更多意想不到的东西。

约翰逊曾经说过这样一句话：懂得适时舍弃的人，永远不会让你真正的失望。红梅放弃了与百花争艳，却赢得了傲雪凌霜的千古美名；隐者放弃了争名逐利的世俗，最后换回了生活的宁静与淡泊；就是比尔·盖茨也是因放弃了正在选修的计算机课程，最后才成为了世界首富，这一切不都是真的吗？人生真的要有所取舍的啊！

学会放弃！摘不到的镜中花，捞不到的水中月，既然明明知道是虚幻梦一场，何不早些时日放手呢？为何还要死死地缠在手上？人的心能负荷多少重担？为何不留一些空白给自己选定一个要一生追求的理想呢？

既然人生只有有所失才能有所得，既然上帝已为自己打开了一扇门，我们为何还要执著地、死死地站在窗前，用钳子去撬那扇比金刚石还要坚硬的窗子呢？

4.把心放大，另眼看“吃亏”

青少年朋友学会把心放大，是一种境界，更是一种睿智。现在的青少年有很多都是“皇帝”“少爷”，没人敢去惹，更不愿意在一些小事上吃一点亏。其实，吃亏不但是一种胸怀、一种品质、一种风度，更是一种坦然，一种达观，一种超越。

人生在世，功名利禄，生不带来，死不带去，斤斤计较，徒然给自己增加痛苦而已。倒不如，换个角度思考，不把自己局限在“不亏”的狭隘的自我思维中，而是看淡得失，来享受生活的快乐。

另眼看吃亏，学会把心放大

俗话说：吃一堑长一智。可是，又有几个人愿意去吃那一堑呢？又有多少人去理解其中的道理呢？似乎有很多人还没有真正理解，或者只是表面上一知半解。而真正行动起来，又有多少人能做到呢？

青少年时期是个冲动的时期，一旦自己吃了亏，就大发牢骚。其实，吃亏，其实也就是为人谦让点，做出一点牺牲。在所谓的“吃亏”之后，将会得到什么？将会得到人们更多的理解和尊重，还培养了自己的宽厚与大度，陶冶了自己的情操，这些分明都是“福”。佛教中有个笑口常开的弥勒佛，人称“大肚能容，容天下之事；慈颜常笑，笑天下可笑之人。”郑板桥说得好：“难得糊涂”、“吃亏是福”。这些道理，需要我们认真去领会。

有一位弟子，负责每天打扫寺院的卫生，总觉得自己很有功。但是，他动不动就抱怨寺院的饭菜，不是说饭菜太咸就是嫌没味，生气了动他人的东西，要是有人做错一点小事，更是唠叨个没完。他之所以发牢骚，就是觉得寺院对不住自己，自己吃了很大的亏。

有一天，师父吩咐这位弟子去买盐，回来后，师父准备了一杯水，抓了一把盐往杯中放，请他喝喝看是什么味道？这个弟子喝了一口就马上吐出来说：“师父，水好咸！好苦！”随后，师父又把他领到寺院旁的大池塘，将剩下的盐倒进池里，叫他再舀起池水尝尝，再问道：“池水是什么味道？”弟子又说：“水不咸，也不苦。”此时，师父语重心长地对弟子说：人生中会遇到很多吃亏的事，就像那把盐，不是很多，也不是很少，但我们所体验的是苦或是乐，决定于盛放盐的容器是大还是小。

同样的道理，人们的心就像是个容器，看待一件事，你的心可以是小杯子，也可以是池塘，甚至是湖泊或海洋。而容器的大小决定了人的苦多或是乐多。在苦乐参半的生命里，有人悠哉地在宽阔的海水里，自由自在、快快乐乐；也有人被困在井中，寸步难移、怨天尤人。人的心有多大，快乐就有多多，而生命中一半的痛苦就像池水里的盐，被池水稀释了。所以，用另一种眼光来看吃亏，也就是把心放大。

因此，青少年朋友们，吃亏包括了愚笨者的智慧、柔弱者的力量。领略了生命含义的乐观旷达和由吃亏而带来的安稳与宁静，聪明的人能从吃亏中学到智慧，悟透人生。

吃亏不是亏，是福

青少年在人生的成长中难免会遇到诸多的苦难，苦难是一笔不可多得的财富，它使人成熟，使人冷静，使人更富有内涵。

做人总怕吃亏，总想占便宜，最终吃亏的是自己，因为你丢掉了人们对你的尊重和信赖，这个“亏”可大了，比天还大！最终结果是你什么便宜也赚不到，人格没有了，朋友没有了，那人生还有什么意义可言。

有时，一件事情看上去好像让你吃了亏，实际上往往会变成对你非常有利的事。

东汉时期，朝中有一个叫甄宇的人，时任太学博士。他为人忠厚，遇事谦让。

一次，皇上非常高兴，就把一群外番进贡的活羊赐给了在朝的官吏，分给他们每个人一只。

在分配这些羊的时候，负责分羊的官吏犯了愁：这群羊大小不一，肥瘦不均，应该怎么样分，才能使各位大臣都没有意见呢？

这时，大臣们纷纷献计献策：有人说："把羊全部杀掉吧，然后肥瘦搭配，人均一分。"也有人说："干脆抓阄分羊，好不好全凭运气。"在大家七嘴八舌争论不休时，甄宇站出来了，他说："分只羊不是很简单吗？依我看，大家随便牵一只羊走不就可以了吗？"说着，他就把一只最瘦最小的羊牵走了。

群臣看到了甄宇的行为，也不好意思专牵最肥壮的羊，于是，大家都随便牵一只羊，很快，羊都被牵光了。没有一个人因为分羊的事而有怨言。

后来，这件事情被光武帝知道了，甄宇因此得了"瘦羊博士"美誉，称颂朝野。这件事过后不久，在群臣的推举下，甄宇又被朝廷提拔为太学博士院院长。

从表面上看，甄宇牵走了小羊吃了亏，但是，他却得到了群臣的拥戴，皇上的器重。实际上，甄宇是得了大便宜。故意吃亏不是亏，而是有着深谋远虑的精明之举。吃小亏占大便宜，这个道理是古今不变的。

"吃亏是福"昭示了一个人的处世态度和生活心态。其实，人活的就是一种心境，不管穷也好富也好，身居要职还是平民百姓，只要心态平稳看开一切就不会在乎什么得失了。在青少年时期，大家不要总把那些吃亏的事情放在心上，影响心情，有时候，亏一点就是福。

5.困境中保持微笑，是一种境界

当一个人有勇气从黑暗中抬起头来，而向光明大道走去，他后面便不会有阴影了。

——佚名

任何人的一生之中都摆脱不了苦难，虽然程度不同，但苦难依旧是人生中不可避免的事情。如果把苦难看作是一种挫折，以一种悲观的心态去对待，那么，到最后只会被它打倒。但苦难往往也是一个人生命中的转机，或许正如约瑟夫。艾迪逊所说："在人生的旅途中，真正的幸事往往以苦痛、丧失和失望的面目出现，只要我们有耐心，就能看到柳暗花明。"

困境中，依然要笑对人生

人生是一种至高无上的体会，不论是风雨交加的经历，还是阳光明媚的经历，都是一个人一生中难以忘记的一瞬间。无论你经历过什么不可预料的事情，都应该保持一个很乐观的态度去处理你身边的一切，学会笑看人生，再大的风雨都让它跑向脑后，学会朝着前方的路看去吧。

家境贫寒的谢坤山，从十二岁起，他就到工地上打工，用他那稚嫩的肩膀支撑着整个家。然而命运却偏不垂青这个懂事的孩子，总将灾难一次次降临到他的头上。在他十六岁那年，他因为误触了高压电，失去了双臂和一条腿；到了二十三岁，一场意外事故又使他失去了一只眼睛。然而，接踵而来的打击，并没有让他丧失对生活的希望，相反，他勇敢而满怀希望地面对这一切。为了不拖累可怜的父母，也为了不拖垮这个特困的家庭，他毅然选择了流浪。他独自一人带着一身残疾上路，从此与命运之神展开了博弈。

在流浪的日子里，他渐渐地迷上了绘画，想重新给自己灰色的人生着色。没有手，他就用嘴作画。用牙齿咬住画笔，再用舌头搅动，因为这样，他的嘴角时常会渗出血来；少条腿，他就"金鸡独立"作画，通常一站就是几个小时。他酷爱在风雨中作画，捕捉那乌云密布、寒风吹袭的感觉……就在他人生最困顿的时候，一个的漂亮女孩竟然不顾父母的强烈反对，毅然走进了他的生活。这使谢坤山的生命有了一个支点。从此，他更加勤奋作画，到处举办画展，作品也不断地在绘画大赛中获奖。俗话说"苦心人，天不负"。后来，他终于成了一位很有名的画家,赢得了人生的残局。

人生中若不经历磨难,可以说本身就是一种灾难。如果人们总是生活在一帆风顺、无忧无虑的环境中,那么人类就不会进步,社会也不会向前发展了。而当我们每个人认真审视自己内心的时候,也会欣然发现,那些能够点燃自己灵魂之光的,往往正是一些当时被视为磨难和困苦的境遇。因此,一个完美的人生,是离不开苦难的。

笑对人生中的困境,是一份超然。用这样一份超然的心态去对待一切,谢坤山赢得了爱情,有了一个幸福美满的家;赢得了事业,得到了社会的认可与尊重。他用自己传奇的一生,告诉人们一个很重要的道理:在困境中依然要保持微笑。

困境是上帝送给人类最好的礼物

人的一生就好像是一艘在时间的海洋里航行的航船。当你的船儿打造完毕,沐浴着金色的阳光下海远行时,你是否明白,人生的意义其实就在于去战胜一个又一个困难,驶过一片又一片险滩,最终到达胜利的彼岸。马克思先生曾说过:“为了不在空虚的苟且偷生中生活碌碌无为,来吧,让我们一起走向坎坷不平地的遥远征程。”可见,人生的意义就在于越过人生中一个又一个困难,最终走向成功。

有这样一个故事,说是有一次上帝来到人间视察民情,当他看到农夫种的麦子结实累累,感到很欣慰。但是,农夫见到上帝却说,50年来我没有一天停止祈祷,祈祷年年不要有风雨、冰雹,不要有干旱、虫灾。可是,无论我怎样祈祷总不能如愿。于是,农夫突然吻着上帝的脚说:“全能的主呀!您可不可以明年满足一下我的请求,在这一年里,不要大风雨、不要烈日干旱、不要有虫灾?”上帝答应了他。

第二年,果然一年之内都没有狂风暴雨、烈日与虫灾,农夫的田里也结出了许多麦穗,甚至比往年的还多了一倍。农夫高兴坏了。可等到秋天去收获时,农夫却发现几乎所有的麦穗都是瘪瘪的,没有一颗好籽粒。于是,农夫就含着泪问上帝:这到底是怎么回事?上帝回答说:“你的麦穗没有经历过苦难的考验,所以才会这样。”

一粒麦子,倘若不经历风霜雨雪、烈日干旱、虫灾等的考验,尚且如此,那么,对于一个人来说,更是这样。困境是你证实自己的一面镜子,这面镜子高悬在生命的险峰，它照出勇士攀登的雄姿，也照出懦夫退却害怕的身影。戴高乐曾说过这样一句话：“困难，特别吸引坚强的人。因为他只有在拥抱困难时，才会真正认识自己。”这句话就是说，一个人只有经受过困难，才能够证实自己的能力。

古往今来，那些成功的人士，无不是从困境中走过来的；不论哪一部名人传记，都是面对困难并战胜困难的人生经历。困难是永恒存在着的，逃避困难，就等于拒绝接受成功。困难可以锻炼人，考验人，成就人。我们应该感谢困难，因为在解决了一个又一个困难时，我们也锻炼了自己的能力。

“苦难”是上帝馈赠给人类最好的礼物。所以，当苦难来到你的面前时，请微笑着勇敢地面对它，那么此时你面前的苦难就成了你人生中一笔巨大的财富。曾经有人说，人的脸型就是一个“苦”字，人一来到世上就该受各种苦难。仔细想想，这话不无道理。人的一生，在自己的哭声中临世，又在亲人的哭声中辞世，中间百十年的生涯，没有一刻钟不在与艰难、困苦、疾病、灾祸打交道。那么，既然困难与挫折是生活常事，就让我们微笑着来面对这一切吧！

6.走出生活的无奈，释放心灵

时常会听到青少年抱怨：学校的生活真没意思；天天考试，好无奈；不是上这个补习班就是上那个补习班，脑子都炸了；没有时间发展自己特长，真悲哀……这样的抱怨声无非是在唠叨生活的无奈。总之，每个人都在匆匆忙忙地开始着自己新的一天的生活。一成不变的生活，让许多人觉得没有了激情和热情，一天天在无奈中像机器一样度过。

不过也有人说，生活是丰富多彩的，就像一个万花筒一样，不同的角度可以看到不同的精彩。新的一天总是有新的开始，新的奇迹，新的人生。每一天都充满了活力，充满了乐趣，也充满了幸福。那么，生活到底是怎样的？为什么人们的看法会存在这么大的落差？其实，你可以说生活是无奈的，也可以说生活是丰富多彩的，它们都是真实存在的。但是，我们要学会将无奈变为精彩，要学会走出无奈的人生。青少年朋友们，你们学会了吗？

走出无奈，学会卸下心中的包袱

对生活充满无奈的人,往往不知道自己人生的方向在哪里,更不知道该如何努力。其实,每个人从懵懂的那一刻开始,就应该知道什么才是真正的人生。人生原本就充满了喜怒哀乐,这样的生活才是正常的。但是,生活的强者绝对不会被无奈打败,无论风雨多大多强,他们都能够勇敢地面对和挑战,走出人生的低谷。

从前,有一个职业摔跤高手,他的人生可谓大起大落,从辉煌走向困境,又从失败走向成功,演绎着与众不同的人生故事。

摔跤手原来是一个到达事业巅峰的人,他的身边总是围绕着掌声和鲜花,人们甚至认为:他是一个打不败的战神。可让人意想不到的是,在一次比赛中,他输给了一个名不见经传的新手,于是鲜花不见了,掌声没有了,他迎来了人生中最大的挫折。在接下来的几年中,摔跤手一直不能接受这个事实,他无法冲破心中的障碍,好几年的时间里,他再也没有成功过。当然,他的生活也陷入了困境,可以说他的生活发生了翻天覆地的变化。妻子因此离开了他,朋友也不再和他来往,观众对他报以讽刺和嘲笑,这给了他很大的打击,他的心情糟糕透了。

在一次大型比赛中,他的对手是一个当时很出名的赛手,名声早已超过了他。在观众席中,他看到了自己的前妻,她正在高喊着"打败他",他知道这个"他"就是自己。看到前妻这样的举动,他的心被深深地刺痛了,于是他在心里对自己说:"我不能倒下,我要坚持!"经过一场激烈的搏斗之后,令人不敢相信的是他成功了,这让所有的观众都感到震惊,他的胜利没有掌声,没有鲜花,因为不在人们的预料之中。然而,还是有一个记者来到了他的身旁,让他对观众讲几句话,他说:"是你们的态度让我变得坚毅,我告诉自己不能输,不能倒下。虽然你们放弃了我,但是我不能放弃我自己,我一定要冲破防线!"全场刹那间一片寂静。

摔跤手的成功告诉我们,生活中的无奈不是不可战胜的,相反,只要你拥有必胜的心态,它就很容易被打败。生活是一条弯弯曲曲的道路,每个人都有可能遭遇事业失败,高考失败,恋爱失败,求职失败,这些都会造成心灵的负担和肉体的痛苦,使人们倍感生活的艰难和不幸。此时,让自己痛快淋漓地哭一次,发泄一次,好好地洗刷一下自己的心情,实为生命之必要。但是,不可将这些情绪长久地放在心里,摆在身上。否则,就会将信念击垮,使生命受损,导致生命中不能承受之重。

青少年要做一个理智而达观的人，要学会将心理上的包袱及时卸下，为自己确立新的人生目标，向着新的生活继续前进。你会发现，你能够再次看到崭新的太阳从东方冉冉升起，生活依然那样美好。

走出无奈，带来心中的光明

生命本来应该是鲜活、灵动的，应该有春天的生机，夏天的激情，秋天的成熟，冬天的冷静。就如同一首交响乐，不管是沉静还是激扬，都是自由和舒展的。如果总是生活在无奈当中，则显然不具有生命的特征，是有违生命的本性的。

美国前总统罗斯福小的时候，不但外表丑陋，而且患有严重的气喘症，说话也含混不清，几乎没人听得懂。但就是这样的一个男孩，后来却成为政坛叱咤风云的大人物，统治着美国的一举一动。

当别人问起罗斯福成功的秘诀时，他说：那就是不抱怨，多努力。是的，罗斯福就是一直朝着自己的目标努力的。天生的缺陷没有使他自怨自艾，相反，它造就了罗斯福一生的奋斗精神。经过长期的锻炼和学习，罗斯福不仅克服了气喘的毛病，而且拥有了一副好体魄。更让人吃惊的是，以前说话含混不清的他，通过刻苦努力和积极参加社会活动，口才得到了大幅度的提高，社交能力更是让人叹为观止。上大学后，他还常常利用假期到亚历山大去追逐牛群，到洛杉矶去捕熊，到非洲去捉狮子。这些，使曾经缺陷明显的罗斯福获得了一种勇敢强壮的姿态，为他以后成功竞选总统奠定了坚实的基础。

有一次，中年的罗斯福得了麻痹症，但坐在轮椅上的他，依然是那么的坚强和自信。他说："我就不相信这种娃娃病能够击倒一个堂堂男子汉！我要战胜它！"后来，在自己的积极努力下，他真的站起来了。几年后，罗斯福竞选纽约州州长成功。

罗斯福的成功不是一个奇迹，而是努力的必然结果。可以说，上天对待罗斯福是不那么好的，罗斯福的一生经历了太多的无奈，但他从来没有气馁和放弃过，这些不正是青少年朋友要学习的品质吗？

在现实生活中，青少年是十分容易发出抱怨的一群人，他们抱怨社会的不公平，抱怨世事的不顺利，总是怨天尤人，牢骚满腹。其实，这就是自己为自己设下了心灵的监狱。这座监狱挡住了外面温暖的阳光，挡住了外界明媚的春风,使他们的心灵一片黑暗,一片迷茫,也使他们感受不到他人的信任和友好,失去了人世间最珍贵的温暖。

无奈会造成生命的枯萎,造成心灵的扭曲,它是生命的灾难。只有走出生命的无奈,我们才能感悟生命的本质和快乐。青少年朋友们,做一个达观而快乐的人,让自己快乐的心成为阳光般的能源,去照射他人,温暖他人,为家人,朋友乃至更广阔的社会,增添更多的光亮。走出生命的无奈,你的眼神将不再幽暗,激情的光明会从你的眼眸中流淌出来。

7.幸福生活来自心灵的体验

很多青少年问道:幸福是什么?什么样的生活才是幸福的?其实,只要大家用心体验,用心感受,幸福就围绕在我们的身边,随时都可以感受到。当大家常为某件事感到满足和快乐的时候,脸上或心中浮现出的就是幸福的痕迹。青少年朋友,你们感受到存在于心中的幸福了吗?

幸福就是知足者常乐

幸福是一种来自心灵深处的体验,它与一个人的生活状况无关,而是取决于一个人的内心感受。我们常说"知足者常乐"就是这个道理,一个人只有学会自我满足才能感受到幸福。幸福是自己给的,也许别人不觉得我们幸福,但只要我们能自得其乐,便会从中找到幸福的理由。

幸福就是做自己喜欢做的事情,幸福就是实现自己的愿望。一个人在烈日炎炎的田里劳作,累得满头大汗,别人觉得他为了生计实在太辛苦,但只要他自己觉得是幸福的,那别人的感觉根本不重要;而一个人在花园里悠闲地散着步,别人是多么羡慕他的悠闲,但他自己却感受不到一点幸福,那就算别人再羡慕他也感觉不到幸福所在。其实就是这么简单,同样的情境不同的人会有不同的心境,结果自然也是不同的。当你觉得你是幸福的那你就是幸福的,幸福与不幸福其实都在自己的心中。

有一对恩爱的夫妻,日子虽然清贫,但他们生活的无忧无虑,很幸福很快乐。他们每天只在一所小学的门口卖烧饼,收入微薄。每到黄昏时分,夫妻两个就数着一天的收入,若比昨天又多两块钱,夫妻二人就相视一笑,天地格外美好。而同时,也正是一个黄昏,另一个腰缠万贯的富翁仅因为所持股票面值下降了30个百分点而饮弹自杀。其实,仅仅折合他的不动产,就够卖烧饼的夫妻吃上几辈子。

两幅场景两个生活的结果,一个幸福快乐,一个抑郁自杀。其实,幸福虽然平淡但却真实。而对于青少年来说,幸福就是清晨推开窗迎进的第一缕清新的空气;就是暴雨过后天边的那一道彩虹;就是熬夜后得出的那个完美的答案;就是当老师验证实力后的那一句赞美;就是每天妈妈精心准备的那道可口的饭菜,就是天凉时爸爸那一句关怀的叮咛……这所有的所有,都是我们值得珍藏的幸福。

每个人都是自己幸福的创造者,用一颗纯净的心去敏锐的洞察世界,发现幸福,将之收藏在内心深处的情感匣中。迟早有一天,我们内心深处每一个角落都会成为幸福流淌的地方,不时开启我们的心门,我们会永远获得幸福。在漫长而短暂的人生路上,携着希望一路播撒幸福的种子,默默地为他人付出,勤勤恳恳地做有益于社会的事,收获的将是沿途美丽的风景,是感动各方后获得的幸福感。人生路上有幸福相伴,我们不会再孤单,心灵的土地永远不会再贫瘠,心中幸福的花儿也会开的分外艳丽。

用心才能感受到幸福

真正幸福的感觉来自于心灵深处,它美好、快乐而又充实,我们每个人都有权利去追求幸福, 而且每个人的机会都均等! 其实幸福就在我们的心中,只要用心去感受,去体会,我们会发现,幸福离我们如此之近,它唾手可得。幸福是生活中的点点滴滴,原本很平常的生活细节,如果我们用心去感受,也能体会到其中的幸福滋味。

幸福就是“临行密密缝,意恐迟迟归”的关怀。是我们每天上学出门前,母亲那不厌其烦地叮嘱:上学路上注意安全,小心车,在学校听话,别惹祸。当我们捂着耳朵跑下楼时,细细体味一下,这简短的一句话包含了母亲多少牵挂在里面,是母亲发自内心的真情流露,我们会感到心中响起了幸福的乐曲。

高三学生张兰兰,是个成绩优秀的女孩子。在一个夏天,窗外狂风暴雨,肆虐的狂风夹杂着雨点拍打着教室的玻璃,整个城市笼罩在滚滚乌云下。放学了,同学们都嬉笑地站在楼前的门廊下避雨。这时,远处一个身影若隐若现地朝她走来。“爸爸。”兰兰惊讶地看着全身湿透了的父亲,泪水不由夺眶而出。看着兰兰流出的泪水，爸爸不知所措。“怎么了？考试没考好？没事，这次没考好下次咱们再努力。”爸爸轻轻拭去她脸颊上的泪水。“走吧，咱们回家。你妈妈今天做了好多你喜欢吃的菜。”爸爸笑着把她拉到伞下。爸爸撑着伞，兰兰知道他把伞的大部分遮到了她的头上，而自己的半边身体任凭风吹雨打。

这样平常的例子，在青少年身边也发生很多。一个人是否幸福，完全在于他内心的感受，在于他定义幸福的标尺和他对于人生的体味，幸福从来就没有绝对的标准，可谓见仁见智。也许，一个人所遗弃的他所谓的不幸，正是另一个人努力找寻的幸福。

很多时候，当我们正体恤某个人孤单寂寞时，却不知他正专注于自己的爱好和研究，幸福到了陶醉的地步；而有时，让我们羡慕不已的“幸福者”，却往往会做出“身在福中不知福”的事。幸福就是这样一种东西，幸福掌握在我们每个人的手中。我们常说要追求幸福，就是要努力达到心中界定的那个幸福的标准，这个过程也许会有艰难险阻，也许会山高路远，甚至需要付出生命。但只要认定那就是心中的幸福所在，我们就不会怨天尤人，就不会在意旁人的冷嘲热讽，因为追求幸福的路上我们活得快乐、舒心而充实！

幸福就是“春种一粒粟，秋收万颗籽”的体验。考试前我们全身心地投入到复习中，早出晚归，废寝忘食。上课时不再调皮捣蛋，而是认认真真听讲；下课后不再贪玩疯跑，而是安安静静复习；周末不再疯狂玩耍，而是仔仔细细地做作业。当我们脑中充满习题解析，吃饭也不忘听英语时，我们体会到学习的乐趣，当我们取得理想的成绩时，内心充满了收获后的幸福感。

幸福是每个人努力后都可以得到的珍贵的感觉。即使我们因为做错事而受到斥责，幸福也不会因此而离我们远去，它会静静地守候在我们身旁，抚慰我们受伤的心，让我们重新变得坚强。行动起来吧，让我们一起去唤醒心中沉睡的幸福，再也不要让它睡去，让我们用幸福的心态去感染身边的每一个人，让这个美丽的世界因为我们再多一些幸福吧！

8.笑对失败，笑对人生

心理学家曾调查表明：65%的青少年都畏惧失败的到来。其实，失败并不可怕，它是通向成功道路的奠基石。在自然界中，人的生命是脆弱的，但一次失败并不等于自己是一位失败者、不等于自己比别人差、不等于命运对自己不公、不等于自己一无是处、不等于自己浪费了时间和生命、不等于自己是一个不聪明的人，那只能说明自己暂时还没有成功，微笑着面对失败，在失败中感悟成功的真谛，等待成功的光环照耀自己。

笑对失败是一种境界

其实，"失败"绝对不是一个令人心旷神怡的字眼，每个人都在极力避免失败的结局。在万人比赛中，成功者只能有一个，那闪烁着金华的桂冠只能为一人所拥有，但仍有数以万计的人为其竭尽所能。

生活在这个世界上的人，没有一个人不想要成功，但是大千世界，芸芸众生，想要获得成功岂是一件容易的事情？谁不想做万人之上备受注目的赢家？又有谁甘愿被奴役，被歧视，被轻蔑，被嘲笑？没有人注定会成功，也没有人注定要失败，一切全靠个人的意念。于是在激烈的竞争中，欲望在增加，弱者肉，强者食。成功就像一块已经饱和了的海绵，一旦有水分进入就一定会有水分被挤出。现实就是如此残酷，关键在于你自己如何对待。

王斌，某重点中学的高三学生，学习成绩处于年级中上等。高三是最为关键的一年，也是很多高中生最为难熬的一年，三天一大考，两天一小考，把许多学生都快"烤熟"了。

在高三的下半学期，学校为了不让学生在关键时刻放松，几乎是天天进行模拟考试。很多学生在一次又一次的考试中受到打击，不是要放弃就是要悲伤失落。而王斌从不为自己考试失败而失落、悲伤，每次都是微笑对待。每当考试成绩单贴在班级墙上的时候，他看到自己不理想的成绩，总是笑一笑。为此，很多同学都觉得他被打击麻木了。

然而，高考结束后，让很多同学吃惊的是，王斌居然考上了国家重点大学。拿到通知书的那一刻，他依然笑了笑，说："其实，成绩不理想的时候，我也难受，只不过在心里一直坚持让自己学会笑对失败。"

青少年在面对自己不理想的成绩的时候,不是失落就是自卑,不愿接受已定的事实,不是选择放弃就是选择逃避。其实,这些人太过脆弱,脆弱到不敢正面对待失败,脆弱到轻易抛弃比成功更珍贵的东西。这些人不懂得,即使逃避,即使哭泣,也无法改变已经成为事实的东西。而最好的办法是微笑面对它,接受它,了解它,剖析它,从而战胜它。其实,失败并不可怕,可怕的是拒绝接受面对它的机会。

海明威曾经说过:“一个人可以被打倒,但不可以被打垮。”失败时不要灰心,微笑着去面对,要知道自己离成功又近了一步,所有坚忍不拔的努力迟早会得到回报。正如我们在备战高考的路途中一样,尽管我们会被挫折和失败一次次打倒,一次次的被压下,一百次倒下,只要我们心中有信念,就能一百零一次站起来,把辛酸的微笑留给昨日,用坚强的毅力和信念赢得最后的胜利。摔倒了,站起来,调整心态,明天又是一个崭新的自我。

生活中,每个人都避免不了失败,就如同那成功不会只临幸一个人一样。成功能给我们带来欢乐和收获,而失败却能给大家带来了经验和教训,让大家品尝百味人生,只要真心地为之付出为之奋斗努力过,那么即使失败了也是一种成功,失败要比成功更加可贵。失败之后,勇于笑对失败,懂得将失败化为前进的动力。在失败中,去学会成长。

风雨中笑对人生

人的一生中,不会一帆风顺,总会遇到风风雨雨,坎坎坷坷。青少年正处于人生的关键期,面对人生的困难和挫折,应提倡笑对人生。一个人只有具备了健康的心理,坚强的意志,乐观的心态,才能真正地笑对人生,生活才能活得充实,才能谱写出人生的辉煌篇章。

“天有不测风云,人有旦夕祸福”,没有人能承诺我们的一生永远风和日丽;没有人能预知草丛中是否隐藏着毒蛇猛兽;更没有人能勾勒出成败的前行图,那么当我们遇到挫折失败,陷入困境时,我们应该学会笑对人生,笑对失败。

某高中学生李强在幼年的一次火灾中,遭受重度烧伤,面容被毁,双手残废,十指仅有两个大拇指能活动。面对残酷的现实,李强同学没有向命运低头,在初中时学习成绩曾是全校第一,升入高中后,学习成绩在全校也是名列前茅,并多次获得“学习标兵”、“市三好学生”、“优秀团员”等荣誉称号。

很多同学看了他的例子,都很感动。最让大家欣赏的一句话是:只要能笑对人生,还有什么痛苦无法承受的呢?我虽不是一个健全的人,可我的人生与大家一样的精彩。

的确如此,虽然每个人都不是完美的,但是大家都在力求完美的生活,而这需要一个"笑对人生"的心态。我们要做生活的强者,将挫折作为对自己的激励,每天都保持乐观;只有笑对人生,才能获得成功。

青少年朋友们,人生苦短,韶华易逝,何必让那一件件愁事、琐事、难事侵扰自己,让这些无形的刀来伤害自己的生命。笑对人生,无论何时何地都应该坚定不渝。能够笑对困难,需要一份勇气;能够笑对失败,需要一份锐气;能够笑对成功,需要一份淡泊;能够笑对人生,则需要一份智慧。能够笑对人生就是一种至高的境界。

大家会从失败中会体会到生命中最本质的东西,失败让我们在感受人生困难和折磨同时也领略了它的悲壮。失败和成功是相对而言的,让我们微笑着面对失败,面对人生,相信我们总能"守得云开见月明"。

第二章 打造完美心理，铸就优秀自我

解救青少年的灵魂，从打造完美心理做起，成为更好的自己！

青春期是美好的，青少年是美丽的；青春期是复杂的，青少年是烦恼的。美丽中带着些许忧愁、无奈、痛苦，这一切源于生活、学业、自我以及方方面面的困惑。当社会以飞快的步伐前进着的时候，当年轻的身体和心理以同样的速度发育成长着的时候，他们有太多的问题没有人知道。而这时候，青少年要为自己打造一个完美的心理，在成长的路途中铸就优秀的自我。

1.审视自我——认清真正的自己

在人生中，人们最关注的就是自己。当拿到一张集体照时，你的第一个目光肯定会落在自己身上。每天早上，面对着镜子里面的人，你不妨问问：他（她）是谁？请不要笑此话太傻。俗话说：一个人最大的敌人莫过于自己。要战胜自我、了解自我这个最大的敌人，就是认清自我，客观的评价自己，但是，又有多少人了解自我？青少年朋友，在这个错综复杂的社会，时常审视自我，是在人生道路上成就自我的关键。

时刻分析自己，自省中认清自己

歌德曾经说过："一个目光敏锐，见识深刻的人，倘若又能承认自己有局限性，那他离完人就不远了。"如果一个人不认识自己的缺点，很容易因自负而失败，优点可能会受到缺点的影响。只看优点，不看缺点，就会导致自己根本听不进别人的一点点的意见和批评，过分地骄傲，只退不进，甚至失去了最宝贵的尊严……

在现实生活中，每个人都有自己的长处和不足，甚至有别人所不具备的优势。这些在青少年中尤为常见，以上的任意一种心理都能在他们中间找到。所以，青少年朋友要想克服这些心理上的障碍，必须要正确认识自己、评价自己。

有一个爱发脾气的妇人，与身边的邻居、朋友关系搞得很僵，为此整日闷闷不乐。为了改正自己爱发脾气的缺点，就上山庙里找老和尚求助。

老和尚听了她的苦闷后，就把她锁到了一个柴房里面。当时，她就怒气冲天，要求放她出去。和尚没理会，转身走了。一个时辰后，妇人稍微静下来，和尚问她是否还生气？妇人回答道："我生我自己的气，我为什么听信别人的话来这受罪呢？"高僧听后拂袖而去。一个时辰又过去了，妇人觉得生气不值得。高僧笑着说。"还知道什么叫不值得呀，看来心中还有衡量，还是有气根的。"

终于，大师第四次来看时，妇人抬起头说："大师，真是奇怪啊，我现在反而并不生气了，有什么好气的呢？我想明白了：气不就是自己找罪受吗？"高僧把手中的茶水倾洒在了地上。妇人看了很久才顿悟。

其实，在这几个时辰中，老和尚是在让这个妇人自省，来彻底地分析自己，这时她才幡然醒悟。在世界上所生存的每一个人都有七情六欲，只要有感情，就会有怒气。但是，凡事都要有一个度，要有因有果。

所以，青少年朋友们，无论你们遇到怎样的困难与挫折，都不要埋怨造物主、世道的不平，与其抱怨他人的不是，不如及时分析自己。其实，很多时候，困难与挫折不是由自身的原因所造成的。所以，你们应学会从中找原因，及时分析自己的所作所为是否正确，这才是重要的。人总是在自我反省中认清自己，并且避免今后再发生这种不该发生的事。只要你相信自己，就一定会做到的。

认识自己才能把握自己

古人说："临渊羡鱼，不如退而结网。"当青少年认识了自己之后，就应当坚定起来，让自己变成一个有思想、有韧性、有战斗力的强者，为了祖国的繁荣，为了国家的强大，为了自己的未来，在你所专长的道路上一步一个脚印地走下去。不要再犹豫，不要再迟疑，再观望几年，人家已经做出成绩来了。虽然说，只要认定、只要开始就不算晚，可是，人生能有几个十年供你挥霍。人的生命是有限的，早一天总比晚一天要好得多。

英国的一个著名诗人济慈，他本来是学医的，可是后来无意中，他发现了自己有写诗方面的才能，所以，就当机立断改行写诗，而且在写诗的过程中，他很投入的用自己的整个生命去写诗。很不幸，他只活了二十几岁，但是，却为人类留下了不朽的美丽诗篇。

马克思在年轻的时候，也曾想做一名伟大的诗人，也努力的写过一些诗。但是，他很快发现在这个领域里，他不是强者，他发现自己的长处不在这里，便毅然决然地放弃了做诗人的想法，转到社会科学研究上面去了。

试想一下，如果上面的两位大师都没有正确地认识自己、看清自己的话，那么英国至多不过增加一位不高明的外科医生济慈，德国至多不过增加一位蹩脚的诗人马克思，而在英国文学史和国际共产主义运动史上则肯定要失去两颗光彩夺目的明星。所以，要认识自己才能把握好自己。无论做什么都要切切实实、脚踏实地去做，大而无当、好高骛远的想法一定要排除。

认识自我，就是要客观地评价自己，既不高估自己，也不贬低自己；认识自我，就是要认识自己的优势、劣势、自己的与众不同和发展潜力；认识自我，就是要认识自己的生理特点，认识自己的理想、价值观、兴趣爱好、能力、性格等心理特点。

在社会生活中，如何塑造自我形象，把握自我发展，如何选择积极或消极的自我意识，如何正确的认识自我、肯定自我，将在很大程度上影响或决定着一个人的前程与命运。所以，青少年朋友，要想在社会上立足并有所成就，就必须对自己有一个全面而深刻的认识。人们只有清楚地知道自己想做什么？能做什么？做了会付出什么？付出之后会得到什么？才能更理智地去面对人生中的多项选择。只有认识了自我，才能开发出更大的自我潜能，才能发展自我，超越自我，升华自我，从而达到一个全新自我的境界。

2.战胜虚荣——时刻给自己定位

现在校园里的“攀比”现象越来越严重，这在青少年心理上滋生了可怕的“虚荣”，很多人过于好强，爱面子，追求享乐，时刻把自己放得高高在上，人生没有了目标，整天过着虚无缥缈的生活。这种做法是错误的，青少年在风华正茂之时，应该时刻给自己一个定位，让自己的生活过得充实，有意义，让自己的心灵不再空虚。

虚荣心理，让你们迷失了自己

青少年不要被周围繁华的世界所诱惑，要摆正好自己的位置，找到属于适合自己的位置。不要见到其他同学有什么,不顾自己家庭的经济情况,也要拥有一个;不要时常夸下海口,不考虑自己的能力,去做自己没有能力完成的事情;不要因为自己跟不上潮流,就装出一副"个性"……这些一旦在青少年心理滋生,是件可怕的事情。因为大家心里已经被虚伪填充,迷失了自我。

大家要睁开明亮的眼睛,看清自己所在的位置,给自己的人生一个准确的定位,不要只凭自己一时的虚荣而冲动,做出一些错误的事。所以,大家要给自己找准定位,找到指引自己人生道路的"北极星",照着方向前进。

李某是一个初二的学生,放寒假的时候,他的好多同学都跟着自己的父母去外地旅游了,李某也跟同学们说自己去陕西西安看兵马俑了。实际上李某却跟着父母串串亲戚,没事在家看看电视或者是逛逛商场,就这样寒假马上就要结束了。他的同学纷纷把自己从外地带回来的纪念品送给李某,并且向李某索要纪念品。李某说等到开学时,自己一定把纪念品送给他们。没办法他只好给在西安工作的小姨打电话,让她寄一些兵马俑泥塑品和西安剪纸,以解他的燃眉之急。

像李某这样虚荣心很强的例子,在青少年中也是颇为常见的。心理学家曾对青少年这一心理现象进行分析,产生这种心理的原因主要有三方面:

过于好强,爱面子。比如,为了证明自己比人强,就是没有把握的事情,他们也会选择去做,或是碍于面子问题,而不好拒绝某人所请求的事情。

受社会风气的影响,青少年对事物的分辨能力还不够,好攀比,追求享乐,容易走进误区,这也是产生虚伪心理的主要原因之一。

实际上,对于青少年的虚荣心理,可以有针对地治疗。

改变自己。首先应该认识到,虚荣是人性丑陋的一面。所以我们应该改变,不要试图去改变别人,只要自己不虚荣并能为人着想,多忍耐就可以了,这样生活的会更快乐。

真诚待人。面对带有虚荣心理的青少年学生,最主要的是消除他们内心的芥蒂心理,让他们在外人面前没有心理负担,不必戴着面具生活,还他们本来的内心真相。

改善环境。要想真正纠正青少年学生中的虚荣之风,必须对现实的社会风气进行系统研究,针对造成这一问题的社会制度、思想根源,采取切实有效措施,改善社会风气,使之成为青少年心灵成长的适宜土壤。

准确的定位可以指导人生

在生命中的每一个阶段，都有一个位置问题的存在。位置并不复杂，在提升生命质量的过程中，位置都是由低到高，慢慢地循环渐进的，每个位置都有自己的表现，不能逾越，不能跳级。

在懂得了这些以后，再给自己定位，就有了一个准确的方向。因此，青少年要善于把握分寸，需要谨慎，加上持久的努力，这样才能在人生大舞台上演好自己的角色。

有这样一个人，他为了生活想砍一棵大树来换够多的钱养活家人。来到森林里面，他到处寻找，终于发现了他理想中的目标。他满心欢喜地用三天工夫砍倒了这棵树，最后却发现自己根本就带不走它，因为树太大了。如果在寻找目标的时候，他找的是一棵自己能扛得走的树，也许早就扛走了，用卖树的钱买了粮食，正与家人围在饭桌前谈天，在欢笑里等待饭熟。

这个人的心很大，但是却忘记了自己的力量很小，于是，悲剧就发生了。他错就错在没有给自己一个准确的定位。许多人一生都在瞪大眼睛寻找财富，贪婪地想把世界上每一样美好的东西都揣进自己的怀里，不料辛辛苦苦忙碌了好一阵子到头来却两手空空。真正有智慧的人懂得收敛内心的欲望，只选择自己够得着的果子去采摘，而不会把自己的小聪明当成智慧。

每个人都有属于自己的位置，但要想找到适合自己的位置，就不是那么简单了。只有找到自己的长处，给人生一个准确的定位，才能取得真正的成功。如果没有给自己确定一个准确的位置，你就可能会失败。有很多成功人士的成功，首先得益于他们能根据自己的特长来进行定位。如果不充分了解自己的长处，只凭自己一时的想法和兴趣，那么定位就不准确，有很大的盲目性。

青少年朋友，在成长的道路上，时刻给自己准确的定位，让自己的心灵不再虚伪、空旷，这是走向成功人生的关键。人生最重要的不是奋斗，而是奋斗前的选择，选择就意味着要给自己一个准确的定位。人生在世几十年，如果没有一个准确而清晰的定位的话，会让自己走很多的弯路，甚至于遭受更多的挫折。

3.战胜忧郁——接纳自己的不足

忧郁心理是一种阴霾般的低潮情绪笼罩的心理疾病，宛如织网般地难以挥去，而不是一种短暂的、可以消失的情绪低沉。在每个人一生中或多或少都会碰到极大的挫折与压力，或因人际因素、家庭的因素、经济上的因素、工作或学业的困扰等诸多压力事件，情绪无法获得有效的宣泄，周而复始一再累积，很快就会产生"忧郁"情绪。人们心里一旦产生了这种情绪，会影响到人们行为和心情。

过分追求完美，带来忧郁心理

现在的青少年为了追求完美，对自己实施过分的要求，期望自己达到完美无缺。殊不知，在追求完美的时候，若不顾自己的实际状况，会给自己的心理无形中带来压力。若平时不能容忍自己"不完美"的表现，对自己"不完美"的地方过分看重，甚至把人人都会出现的，人人都会遇到的问题看成是自己"不完美"的表现，总对自己不满意，渐渐地就会影响自己的情绪和自信心。

青少年对自己的长相不满，对自己的家庭条件不如意，对自我的穿戴不喜欢……心理上的这种不完美，都是由于过于追求完美，对自我过于苛刻造成的。若只接受自己理想中"完美"的自我，不肯接纳现实中平凡的或有缺点的自我，其后果往往适得其反，使大家对自我的认识和适应更加困难。久之，心理就会滋长出忧郁的萌芽。

王娟，某市重点中学的初三学生，一个才貌双全的女孩子，在老师眼里是个"熊猫级"人物，在同学眼里是"佼佼者"，唯一美中不足的是她缺乏对艺术方面的认识。每当学校举行什么晚会，同学们都报名参加了，只有她没有。她不会唱歌不会跳舞，每次晚会活动的舞台上都没有她的身影。为此，她很生气，自己一向是老师、同学心中的"骄子"。在这样的舞台上，却没有自己。她就抽出一部分时间来学跳舞，可是，也许她太过于追求完美，总觉得自己跳地不好，像只鸭子扭来扭去的。由于心理上常常对自己不满，时间长了，就积压出了忧郁的情绪，成绩也随之下降了。

像王娟这样的青少年越来越多。殊不知，要想改善对自己期望过高的心理，首先要树立正确的认知观念。人不能十全十美，每个人都有优缺点，人既不会事事行，也不会事事不行，一事行不能说事事行，一事不行也不说明事事不行，优点和缺点不能随意增加或丢掉，成功失败也不是自说自定。一个人应该接纳自己，并肯定自己的价值，不自以为是也不妄自菲薄。

大家在追求完美的时候，一定要找好自己的立足点，不要盲目地过分要求自己。有的青少年无形中重视了别人，而贬低了自己。人应该立足自己的长处，清楚、接受并尽力改进自己的短处。成功时应多反省缺点以再接再厉，失败时多看到优点和成绩，以提高自信和勇气。对青少年来说，必须明确自己的期望是什么，以及这种期望的来源是自我的需求，还是他人的期望。只有明确这一点，才可以真正认清自己，规划自己的发展方向，最终建立独特的自我。

最后，接纳自己的不完美。人各有所长所短，每个人都是独特的，与众不同的，应欣赏自己的独特性，并不断地激励自己。

接纳自己的不足，战胜忧郁

目前，青少年忧郁心理有明显增多迹象，然而，人们对这一心理现象的认识依然模糊不清。很多人认为青少年偶尔想不开或心情不好，这是很正常的一种心理。事实上，忧郁心理往往会导致青少年情绪障碍，延误就医的结果经常导致学业中辍，甚至误了一辈子的前途。

具有忧郁心理的青少年，往往不愿与他人交往，学习动力不足，对以往感兴趣的文体活动、影视也感觉平淡乏味。性格越来越内向，甚至离群索居，自我封闭，有时又无故烦躁不安等。

小敏同学的父母在“热潮”中双双下岗，家庭条件十分困难，聪明勤奋的小敏由于性格内向，父母下岗无疑让她的心里蒙上了一层阴影。她担心学业因家庭困难而被中止，心中的忧郁无处诉，从此变得沉默寡语，与同学之间的交往也变少了，遇有人与其打招呼或全然不睬，或报以淡笑。幸而后来以优异的成绩考取一所名牌大学。虽然家里困难，但父母还是非常愿意供她读大学的，可是她上大学不到一个学期即因心理症状而休学。

小敏因为自己的家庭条件不好而导致忧郁的心理，从心理学上来说，这是很正常的现象。现在越来越多的青少年在“攀比”家庭、经济、吃穿、长相等，而这些对于条件不好的学生来说，无疑是一种心理上的自卑，时间长了就产生忧郁。

其实，大家不要为自己的不足而失落，要敢于去接受自己的那些不完美。在世界上，没有十全十美的人，大家要认真对待自己，可以从下面几方面着手：

获得支持。青少年遇到挫折、失意时，绝对不要闷在心里，找家人或朋友谈谈，不仅可以宣泄情绪，他们或许还可以给你不同的看法。

态度积极。凡事保持乐观的想法，即使是失败了也应该勇敢面对，因为失败是成功之母，凡事抱着正面积极的想法，不要因为看到阴天就想到下雨，下了雨更应该想到雨过天晴之日，风雨过后是彩虹嘛，总有一天必能“心想事成”。

生活有规律。很多青少年朋友因为学习时间抓得紧，认为运动浪费时间。或是为了准备应考而常常“开夜车”。需知，学习需要劳逸结合，即使要考试也不要常常为了准备考试而熬夜，更不应该利用运动时间而苦学习。适度的运动可以放松身心，让学习更有效率。

定计划留有余地。每天晚上睡觉以前，考虑明天干什么。计划不能定得太高，也不要太低，充分留有余地。这样每天都可以顺利完成计划。这就是人们通常所说的“跳一跳就可以摘下果实来”。

及时肯定自己。每天晚上睡觉以前，要充分肯定自己这即将过去的一天的成绩和进步，不讲消极的东西。能写日记最好，把好的体验、进步、成绩记到日记上。天天都这样记日记，会觉得生活越来越有意思。

4.保持自信——做最棒的自己

每个人都渴望成功，可走向成功的道路又是那么崎岖而漫长，充满着看得见或看不见的困难和竞争对手，其中最强大的对手其实就是你自己。你的一切消极心态就是你最大的敌人，可是你又该用什么去战胜它们，到达成功的巅峰呢?如果说失败是成功之母，那么自信就是成功的基石。

英国哲学家培根说过：深窥自己的心，而后发觉一切的奇迹在你自己。自信是一种来自于心灵的力量，自信是一种说服力，在开始时，看起来仿佛不会成功的事，假如你坚持地做下去，它就会成为对自己的一个证明。相反的，假如你因为别人的怀疑或批评而犹豫不决，退缩不前，那不用别人阻挡，你自己就打败了自己。

培养自信,战胜自我

在现实中,最大的竞争对手是自己,成功最大的障碍是缺乏自信。只要你自信,只要你尊重自己、坚信自己,你就是伟大的,最终的成功必定属于你。自信是一切成功者的钙质,没有自信的人,将一事无成。对于青少年而言,培养自信是尤为重要的。

相信自己,无所不能。相信自己,无所畏惧。自信心是人生成败、幸福与不幸的关键。同时,也是理解自己和与他人相处的关键。信心是行动的发条,基于信心而来的那种无比的驱策力量,就是缔造人世间一切伟业殊功的源头。人有信心,就有希望。信心能使软弱的人变得刚强,毅然承担一切苦难与折磨,接受任何考验和试探。

一天,上帝分别送给三个年轻人一些同样干瘪的种子:第一个年轻人大呼:"上天为何如此不公?这么干瘪的种子怎么能够发芽?"他随手扔掉种子后,在抱怨声中结束了一生。第二个年轻人抱着试一试的心理,播种、浇灌、施肥,但很快也放弃了。后来,他终生为寻找一些饱满的种子而努力。第三个年轻人相信:只要精心呵护、尽心尽力,再干瘪的种子也能长成参天大树,自己的汗水会换来成片的阴凉。结果,第三个年轻人很快就拥有了一大片森林。在这个故事中,第三个年轻人选择了相信自己,可见,自信是人获胜的法宝,更是事业的保障。

青少年朋友,你自信吗?当你成绩名列前茅时,你能否告诉自己:"一分耕耘,一分收获。"而不是"这次运气真好!"从而造成心理上的压力;当你成绩有了进步,你能否对自己说:"学习有什么困难,只要努力,我一定能学好!"而不是"这次纯属侥幸,我不是学习的料。"从而停滞不前;当你考试退步了,你应该向天发誓:"从现在开始,我一定努力,一定学好!"而不是"我永远也学不好,学习对我来说就是活受罪!"从而放弃了学业。如果你真的想拥有自信,就从现在起告诉自己:哪怕是一粒干瘪的种子,我也要长成参天的大树!我相信:我能行!

所以,青少年朋友们,在生活中,面对不幸,要对自己充满信心,对生活充满信心;在学习上,面对困难,要给自己信心,要永远地相信自己可以。让你的生活到处都充满着自信与活力,你的生活将会是五光十色的。

肯定自我，建立自信

现在越来越多的青少年会产生自卑感，内心缺乏一种内在的自我价值感，这就需要调整对自我的认识角度，来重新认识自我，肯定自我，通过不断地发展自我建立一种独特的人生优势——自信。

自信是一缕和煦的春风，是一丝动人的微笑，是一片明朗的天空。自信让我们变得干练、成熟，自信使我们的脚步变得坚实稳健。一个不屈不挠的人，自信在心中必坚韧地站立着，站成精神上的钢浇铁铸的脊梁，站成一幅永不凋谢的风景。

自信产生于努力之中。有人认为做事情只有有了自信之后才能去行动，这就好比人学会了游泳之后再下水学游泳一样，是非常荒谬的。当我们徘徊于做与不做之间时，就应该在没有自信的情况下，大胆去做。

伊索寓言有一个故事：父子二人赶驴到集市去，途中听人说："看那两个傻瓜，他们本可以舒舒服服地骑驴，却自己走路。"于是老头让儿子骑驴，自己走路。又遇到一些人说："这儿子不孝，让老子走路他骑驴。"当老头骑上驴让儿子牵着走时，又遇到人说："这老头身体也不错呀，让儿子在下面累着。"老头子只好让两人一起骑驴，没想到又碰到人，有人说："看看两个懒骨头，把可怜的驴快压趴下了。"老头子与儿子只好选择抬着驴走的方法了，没想到过桥时，驴一挣扎，坠落河中淹死了。

例子中可以看出，人都希望得到他人的认可与尊重，期望获得荣誉，因为这些可以令人精神上受到鼓舞。但是，人在奋斗过程中，真正有作为的事不是跟在别人后面亦步亦趋，而是需要创新。理解是具有滞后性的，如果不培养自我赞许的意识，就无法自我肯定，就坚定不了决心和信心，失败就随时"恭候"着你。

自信仿佛是人生坐标系上的原点，处境极其微妙，前进抑或后退，就在一念之间。具备自信就是具备了开拓进取的基础和条件，因为有了自信，就有了创造精神和创新意识。十分成功中有五分属于自信。成功是船，自信是帆；成功是高山，自信是登山的小阶；成功是远方的路标，自信是脚下的跋涉。

正像莎士比亚所说的："自信是走向成功的第一步，缺乏自信即是失败的原因。"无论在学习中还是在生活中，人人都会遇到大大小小的挫折，或学习方法不当，使人困惑；或学习枯燥，使人懈怠；或成绩不理想，会使人沮丧……而自信就好比一把智慧的钥匙，帮你顺利地开启每一扇成功之门；自信就如黑暗中的灯塔，把你从困境中解救出来；自信就像人能力的催化剂，人前进的动力，能将人的各种潜能充分调动起来，发挥到最佳程度。

5.积极乐观——失败了再重来

海明威说过：人可以被毁灭，但绝不能被打倒。承受挫折是青少年生活中必经之路，不要仅仅因为一点点的挫败避而不前，要拿出勇气和耐心，并对自己说："风雨中这点痛算什么，"主动出击，迎接挑战，直面挫折，笑对挫折，把挫折当作前进中的踏脚石，然后拥抱胜利。因为挫折是福，使我们在岁月中搏击风浪、经历考验，从而奠定更加坚固的基础，谱写出美好的人生之歌。

失败了从头再来，战胜脆弱

如今的青少年心理上太脆弱，往往经不起一点失败或挫折。由于正处于生理和心理的发展期，认知水平较低，容易产生认知上的偏差，如看问题容易片面化、绝对化，心理自我调节能力差。其实，对待失败的事情，大家要换一种心态对待，失败了还可以从头再来，最可怕的是"心灰意冷"。

世人一辈子都会为自己的追求而奔波四海，总会多多少少的遇到一些棘手的问题致使你失败、一无所有，也许你会因此而丧失信心，也许你会因此而一蹶不振。古人云："不经一番寒彻骨，怎得梅花扑鼻香"。面对失败，不要害怕，一切都可以重新开始，希望就在前方。保持一颗乐观的心态看待失败，只有这样你才能永远立于不败之地。

张朋是某校初中二年级的学生。在小学时他的各门功课一直都很优秀。刚踏入初中时他的成绩也是名列前茅。但是，到了初二上学期，在期末考试中他的数学成绩才得了 75 分，这对他来说是很大的打击，因为数学是他的强项，以前的考试他从没有下过 90 分。从此他就像变了一个人似的。乐于助人、热情开朗的他整天忧虑重重、闷闷不乐，总感觉周围的同学在嘲笑他、看不起他，好几次同学叫他一起去看电影、打篮球他全部都拒绝了，而且时不时地还发脾气，就这样持续了有一年之久，还仍然没有从悲观失望中崛起。

其实,张朋的失败只是人生中的一小部分,他的心理是脆弱的。心理学上曾讲,这种心理脆弱的人容易被一些痛苦情感所压倒,从而寻求外部支持。当作为支持物的人、物、信仰和信念一旦丧失或不能利用时,个体便出现精神崩溃现象。如果缺乏药物或心理治疗,便会加剧自杀危机,导致自杀行为。

人活世间,我们所走的历程,大部分是由层层叠叠的挫折、失败所堆积起来的。其实,失败是常事,很多人都是在起落不定、得失无常中,感受着大欢喜或痛心。或许我们很迷惘,或许我们很堕落,但在迷惘和堕落后,必须要恢复理智,好好面对现实、应变生活。

考试失败了,静下来,好好思索缘由是何?也许因为这次没有准备完善,也许功夫下的还不够。只要肯努力,只要不灰心,总有一天,你会排在名次的最前端。不要轻言失败,只要有一颗年轻自信的心,明天的日子就一定阳光灿烂——年轻无失败,一切可以重来!

用积极乐观的心态对待失败

对于每个人来说,乐观两个字都是说起来容易但做起来难,对于青少年来说自然也一样。英国思想家伯特兰·罗素曾说过:“人类各种各样的不快乐,一部分是根源于外在社会环境,一部分根源于内在的个人心理。”也就是说悲观随处可以找到,但要做到乐观就需要智慧,必须付出努力、敢于面对现实,才能使自己保持一种人生处处充满生机的心境。

在一个寒冷的冬天,一位失意的年轻人窝在一间滴水成冰的小房子里。那一年是年轻人在一年之内失去第六份工作的一年。

他窝在小屋里向他的朋友诉说自己的沮丧与苦恼。

他拥有英语六级证书,第一家公司却认为他口语不能过关。他是计算机二级程序设计师,第二家公司却嫌他打字速度太慢。第三家公司,他又与同事、主管不合,又离职了。第四家、第五家……都因其个人种种因素而失去工作。

心情低落的他向他朋友诉说道:“一次次都是失败,让我白白浪费了一年的时间。”

他的朋友一直在耐心地倾听他的诉说,最后他说:我给你讲一个笑话!

“一个探险家出发去北极,最后却到了南极,人们问他为什么?探险家回答说:因为我带的是指南针,我找不到北方。”

这个年轻人说:“怎么可能?南极的对面不是北极吗?转个身不是就可以了吗?”

他朋友反问道:“那么失败的对面不就是成功吗?”

一瞬间,失意的年轻人茅塞顿开,彻底领悟了“失败”的宝贵。

其实,在失败面前,只要大家换种心态来对待,又是一种新的生活。生活是由哭与笑、风雨和彩虹、成功与失败组成的。而乐观与悲观,就像是阳光与阴影存在于我们的生活中,如何拥有乐观的心态,每天微笑的迎接风雨和彩虹,面对现实,面对困难和挫折,是青少年掌握人生命运所必须具备的心态之一。

以不同的心态去看待身边的事物,就会收到不同的效果。乐观的人总是能从平凡的事物中发现美。其实,生活中从来都不乏欢乐,只要你用心体会。正如一位智者所说的那样:“一个人感兴趣的事情越多,快乐的机会也越多,而受命运摆布的可能性便越少。”当代青少年也应拿出面对生活的勇气,不要总是抱怨逆境,也不要把逆境当做是一种不幸,而是用积极乐观的人生态度,透过脏兮兮的窗户玻璃看窗外美丽的景色。

对于青少年来说,不论何时何地,不论做什么事,都要端正自己对生活、工作及学习的态度。要学会用积极的心态,去发现生活中人或事美好的一面,热情地生活,愉快地工作,轻松地学习,以乐观旷达的胸怀面对每一天。

6.战胜自己——勇于突破自我

卡耐基曾说:“经过无数次失败以后,姗姗来迟的东西叫成功。”漫漫人生路上也正是有了成功与失败,生活才有意义。作为旭日东升的青少年,要明白成功绝非偶然,是靠艰辛的付出和耐心的积累而来,当你在一次次的失败,又一次次的选择后,就会发现成功的坦途已经铺到你的面前了。要记住,在生命中勇于突破自我,战胜自己,不要放弃自己的梦想和追求,努力向前。

突破自我,需要勇气

人生如戏,每个人都是主角,不必模仿谁,我是我,你是你,好好地活着,为自己活着。有梦想就大胆的追求!失败也不要放弃,随它花自飘零水自流。

其实对青少年来说,真正的成功,不在于战胜别人,而在于战胜自己。

小红从小性格就内向,自尊心也特别强,所以学习成绩一直也很好。可是,最近她总以为别人时刻都在用鄙视眼神的看她、评价她,所以她担心自己会出什么差错,让人看不起。后来,她暗恋上了班内的某个男生,但又不敢表露出自己的爱慕,还怕别人知道这个秘密。有一次,好朋友跟她开玩笑说:"我知道你爱上他了,你别藏在心里啦!"她一听心里急得发慌,担心别人会对她评头论足。从此以后,她见人就躲开,不愿理会别人。有人找她聊天、玩耍,她就面红耳赤、心慌意乱,而且说话也是语无伦次,最后导致一见人就担心害怕。

以上这个事例表明,小红是由于社交恐惧心理导致她不能正常与同学交往。最终陷入困境、不能自拔。这种社交恐惧是因心理紧张而造成的心理性疾病,只要有这种心理的青少年做到全面了解自己,树立自信心;改善自己的性格;学会与别人交流;掌握些社交技巧……相信战胜不良的心理障碍指日可待。

中国有句俗语说得好:"不会战胜自己的人,是胆小的懦夫。"突破自我,需要勇气,需要顽强的生命活力。青少年朋友们,无论是健全的身躯还是残缺的臂膀;无论是优越的条件还是困窘的环境,大胆地拿出你的勇气,你的胆识,去克服困难、恐惧和失败所带给你的消极情绪。不管你正在前行中,还是失意时,此刻不要再彷徨,不要再犹豫,对现在的你来说从失败中找出通向成功的途径才是最重要的。

青少年朋友们,只要勇于突破自己的防线就等于打开了智慧的大门,开辟了成功的道路,铺垫了自己在人间的旅途,铸成了自己的一种可以勇敢面对任何烦恼和忧愁的良好心态。

战胜自己,走向成功

对于青少年来说,只有在前进的道路上,勇于突破自我,即使是失败也是一种锻炼。要做到胜不骄,败不馁,不要永远活在失败的阴影下,勇敢地去找寻失败的原因,提升自己,战胜自己,相信自己一定能把人生这局棋走得很精彩!只有勇于突破自我,才能少些不必要的烦恼与忧愁。郑板桥说:"千磨万击还坚韧,任尔东西南北风。"勇于突破自我,无需犹豫!战胜自己,何需等待!拿出你的勇气来,勇往直前,永远争取吧。

他出生在一个寂静荒野的村庄里，因为贫穷，常被赶出居住地，全家人不得不经常搬家。9岁的时候，母亲因病不幸去世，生活变得更加艰难。22岁时，他失业了，很是伤心，决定参加州参议员竞选，但落选了。想进法学院学法律，但因种种原因进不去。不得不向朋友借钱经商，可不到一年就倒闭破产了，欠下了巨额外债，此后的几年里，他不得不为偿还债务到处奔波。

25岁，他再次参加州参议员竞选，竟然赢了，以为从此好运就会来了。第二年，正当他准备结婚时，未婚妻不幸去世，他受到打击，为此心灰意冷，而卧病在床。

29岁，他竞选美国国会议员，结果没有成功，但他没有放弃，第二年又参加竞选美国国会议员，可还是落选了。

因为竞选赔了一大笔钱，他申请担任本州的土地官员，但申请被退了回来。几年里，接二连三的失败并没有使他气馁，而是勇敢地面对，挑战失败。过了两年，他再次竞选美国国会议员，依然遭到失败。

1860年，在他51岁时，他终于当选为美国总统。他就是一个令全世界都为之叹服的伟人——美国第十六任总统，亚伯拉罕·林肯。他战胜了生命中接踵而来的各种挫折与不幸，最终战胜了自己，登上了人生理想的高峰。

鲁迅先生说："人生的旅途，前途很远，也很暗，然而不要怕，不怕的人面前才有路。"的确，在通往成功的道路上，不乏荆棘和陷阱，到处都有困难和坎坷。有些人遭到了一次失败，便把它看成拿破仑的滑铁卢，从此一蹶不振。而对于一心要取胜、立志要成功的人来说，一时的失败并不是永远的结局，在每次遭到失败后学会重新站起，比以前更有坚强的毅力和决心向前努力，不达目的决不罢休。

布伦克特说："只要不让年轻时美丽的梦想随着岁月飘逝，成功总有一天会出现在你面前。"要坚持你的梦想，不要退缩，成功并不是海市蜃楼，那是黎明前的黑暗，因为阳光总在风雨后，请相信有彩虹！坚持自己的梦想，成功就在你的前头！

纵观古今中外的成功人士举不胜举，司马迁虽然身受宫刑，但仍不屈不挠，凭着顽强的毅力完成了巨著《史记》；海伦自小双目失明，饱受病魔缠身，但她自强不息的精神促使她写下了一部又一部脍炙人口的文学著作……战胜自己说起来容易，但是真正地做起来要比战胜别人难得多，因而战胜自己，就要有坚韧不拔的意志，要有根深蒂固的信念，要有在逆境中成长的信心,要有在风雨中磨炼的决心。不要时时刻刻把战胜别人看得太重要,最大的胜利便是战胜自己。战胜自己并非易事,所以,青少年朋友们要加强培养战胜自己的目标、决心、能力及克服困难的勇气。

7.谦虚生活——摆低自己的位置

苏联生理学家巴甫洛夫说:无论在什么时候,永远不要以为自己已经知道了一切。不管人们把你们评价的多么高,但你们永远要有勇气对自己说:我是个毫无所知的人。

因此,正在接受知识的青少年们,要时常保持着“谦虚”的心态去学习,要抱着“不满足”的心理去接受新的世界。谦虚可以使人进步,而骄傲使人颓废。无论在什么时候,都要摆低自己的位置,谦虚地生活。

避免自我膨胀,战胜骄傲

骄傲心理是指高估自己,低估别人而引发的一种傲慢自负的心理。这样的青少年往往虚荣心较强,只爱听表扬、夸奖的话,不能挨批评,不爱接受别人的意见。在竞赛活动中,只能赢,不能输,稍有挫折,容易失去心理平衡。

生活中最重要的事就是完善自己的灵魂,而骄傲的人始终认为自己是十全十美的。正因如此,骄傲极为有害。骄傲的人总是忙于教训他人,以至于从不考虑自己,当然也不必考虑:他们是那么的好。正因如此,他们教训他人越多,自己就跌得越低。正如俗话所言:“你们中间谁为大,谁就要做你们的佣人:因为凡自高的,必降为卑;而那自卑的,必升为高。”

何某,聪明活泼,能说会道,能歌善舞,喜欢参加班级、学校组织的各项活动。家庭条件非常好,父母在物质上给予她极大的满足。尤其是父亲,由于自己儿时生活很艰苦,因此希望女儿过得好,对女儿十分溺爱。在学校,由于她勇于表现自己,受到老师器重,同学们也佩服她的口才与文笔。长久下来,她养成了自尊自大的性格,与同学说话总是一副盛气凌人的样子。渐渐地,同学们都不理她,她也感到困惑,常常因没有朋友而闷闷不乐,甚至整天让父亲给她买一只小狗做伴。

上面的例子在生活中可谓是处处可见,现在的青少年都过于高估自己,心理上慢慢形成骄傲。这样下去,会把自己的前程毁掉的。所以,青少年要学会全面分析问题，看到自己的不足，摆正自己的位置。

山外有山，天外有天，自然界的事物无止境，要想认识自己，就必须丢掉个人主义的有色眼镜，学会全面、客观、发展地看问题，学会掌握分析事物的方法。人一旦跳出自我小圈子，站在客观的高处，低头看，就会找到自己的位置。到那时，就不会过高地评价自己，就不会昏昏然，就会发现我们只是沧海一粟。我们所取得的成绩和所谓的那点资本同别人相比，同未来事业的需要相比是微不足道的，这样，我们会冷静许多。

许多青少年由于看不到自己不足，做某件事成功了就沾沾自喜，觉得自己很多方面都比别人强。如果你能经常发现强人，并且体会到自己的不足，与强人有多大的差距，这样就会变得谦虚了，自然骄傲也就远离你了。当你在学习上有了进步取得好成绩时，应当把成绩当作过去，更加努力。不要嘲笑在某些方面不如自己的人。因为每个人都有长处和短处，应虚心学习别人的长处，克服自己的不足，这样才能有利于个人的进步。不要与同学比吃穿，更不要瞧不起那些生活困难、朴素的同学。当听到表扬时要勉励自己：戒骄戒躁，不断进步。

应常怀谦虚之心

著名的文学家、思想家、革命家鲁迅先生曾经说过：“不满足是向上的车轮。”只有谦虚谨慎，不骄傲自大的人才能获得成功，一步一步向人生的顶峰攀登。谦虚是人生成功的奠基石，是黑暗中指引方向的路标，是乘风破浪前行的有力武器。

受世人崇敬的周恩来总理，一生谦虚谨慎，平易近人，身为总理虽日理万机，公务繁忙，但每到一处都要深入群众，了解情况。一次，他到上海考察，与电影演员们会面，在亲切交谈中，有个小同志热情地向他建议，说：“总理，您给我们写一本书吧！”可他却回答说：“如果我写书，就写我一生中的错误，让活着的人们从过去的错误中吸取教训。”

这样的事例举不胜举，都意在告诉我们，谦虚不仅是一种美德，更是一种激励青少年积极向上的力量。谦虚之心更能显示人的智慧。人人都希望自己充满智慧，变成聪明人；只有谦虚地去学习，在成功中不断进取，一步一个脚印，才能产生更多的智慧。

我国伟大的文学家、历史学家郭沫若先生，一生中曾创作过很多作品，名声大振。可他仍然不忘虚心听取别人的意见。在一次演出前，临时将一句台词进行更换。这并不是没事找事做，而是在原优秀作品上镀上一层金，味道更浓了。但是，有些人并不是这样，他们一直自认为自己很优秀，很了不起，不愿意听取别人的意见，总是一意孤行，任凭自己的做法胡乱操作下去，结果可想而知。

孔老夫子，是我国伟大的教育家，弟子万千，可他从没有自满，常常以自谦的态度教育弟子，还告诫弟子说："三人行，必有我师焉。"

谦虚是一种美德，也是一种修养。谦虚者可以包容别人、善待别人，学习和吸取别人有益的经验和知识，从而提高自己，避免浅薄无知。常怀谦虚之心，会多一分清醒，少一分陶醉；常怀谦虚之心，会多一分合作，少一分孤立；常怀谦虚之心，会多一分警惕，少一分危险。

在每一个人追求成功的人生道路上，谦虚是人们必备的一种品质。谦虚是一个人正确对待自己，正确对待别人的重要道德要求。谦虚不是软弱而是自知，是一种广阔的胸怀，是一种虚怀若谷的情操，是一种难得的品质，是一种对知识、真理追求的真诚态度。只有谦虚的人才有智慧的头脑。

伟人毛泽东说过：谦虚使人进步，骄傲使人落后。青少年朋友在成长的道路上，更应该以此作为自己人生的座右铭，时刻以这句话来激励自己，在以后的人生中可以更好地成长。

8.热情大度——接受他人的意见

如今的青少年都很自以为是，不喜欢去接收他人的意见，总认为自己是最好的，还总是用冷漠的态度去拒绝他人的意见。这是一种心理现象。一旦走向社会，青少年的这种做法将会被社会否定，甚至还有可能被社会淘汰。心理专家曾对此情况提了建议，建议青少年应热情大度接受他人的意见。人不可能是完美的，或多或少都有缺点。每个人应认真听取他人的意见，以改正自己。

剖析冷漠心理，战胜冷漠

从心理学上讲，冷漠是指对他人的不幸冷眼旁观、无动于衷，显得毫无同情心，逐渐失去对人对事应有的热情。冷漠非常可怕，它能使人对周围的一切采取漠然视之，麻木不仁的态度，遵循"事不关己，高高挂起"的信条。这样只能把青少年学生塑造成为玩世不恭、消极混世的自怜者，是一种可悲的自我摧残和自我埋葬。

冷漠的心态并不是在任何场合下都会产生，一般容易在其所归属的不和谐群体或陌生的群体中出现。但在受到亲朋好友尊重或家庭成员无微不至关怀时，一般就不会出现这种态度，即使偶尔出现，只要了解原因并予以解决，冷漠也能迅速祛除。

有一位中学生给一位心理医生写了一封信，信中说：她感到很苦恼，自己学习成绩优异，品行也不错，可是选举班干部的时候同学们都不愿意投自己的票。许多同学认为她只顾自己学习好，对与自己无关的人和事一概冷漠对待，所以不愿意这样的人做班委。她自己认为这就是自己的个性，毕竟我没有影响其他人啊。

上面例子中的那个同学，认为自己的冷漠属于一种个性，与他人无关。这是严重错误的想法。一个人心里一旦产生冷漠的心态，就很难与他人相处，更不要提去接受他人的意见。心理专家曾对青少年的这种心理进行了剖析，分析了三个方面的原因：

(1)是冷漠的家庭环境引起的。

有些青少年所处的家庭环境影响着成长，如有的父母对自己的孩子没有多余的热情和关心，和孩子的相处都是公式化的模式。可见，父母的冷淡会影响到他们的成长，使他们在与人相处时，不知该怎么办，只好什么也不说，这种行为在旁人看起来就是冷漠孤傲，久而久之便没有人与他交往，而这时他们的心理就会受到伤害，为了不使别人觉察到，便以冷漠掩饰自己。

(2)是青少年本身适应能力弱。

有的青少年不能适应学校有组织、有计划的学习，不习惯遵守学校严明的纪律和行为准则，处理不好同学关系，造成人际紧张；有的由于性格孤僻，在学校中受到冷遇、嘲笑、歧视，找不到自己在学校中应有的位置，从而造成心理压抑。

(3)是父母的溺爱。

许多青少年在家中备受宠爱。使他成了一个中心点，所有的事都围着他们转，结果在学校缺乏独立性，意志力薄弱。这样的青少年一旦离开家庭，稍遇困难便会发愁，只知道要求别人关心、爱护、让着自己，不会想着去关心别人,爱护、理解别人,久而久之必然缺少朋友,形成冷漠的性格。

青少年的这种冷漠心理,应及早地治疗,不然将会影响他们的人际交往和以后的成长道路。大家都应怀着一颗热情大度的心态来生活,与周围的同学、伙伴好好享受这美好的黄金时期,对于他人的意见应积极地、乐观地、热情地接受,让自己的生活更加精彩。

寻找治疗冷漠的药方——热情大度

生活中,如果每个人都用一颗热情大度的心来面对人生,那么人生一定活得很有意义和价值。青少年,正处于风华正茂、朝气蓬勃的时期,若远离冷漠,用热情大度的心态来接纳他人的意见弥补自己的不足,青春时期的生活肯定处处充满阳光。

在我们的生活中,关于冷漠的例子大家见到很多,相信也经历过被冷漠拒绝的情景。那么,大家为何不改变这种心理呢?

小江是某高中的学生,学习不是太好,且他本人在班上不管对谁都非常冷淡。没办法,老师只好把小江的母亲请到学校交流情况,最后老师让小江当着母亲的面对今后的行为表个态,小江在说一句:“以后好好做”之后,无论老师怎么追问,都不再说话。

在这次交流的过程中,小江的母亲和小江的态度也是一样的,老师追问一句小江的母亲回答一句,从不主动提出问题。

例子中小江和他妈妈若主动配合老师,并接纳老师的意见,相信一定可以解决掉小江的心理问题。心理专家针对不同的情况,提出了下面不同的建议:

(1)是要认识“冷漠”的源头。

许多事情的发生,并不是凭空而来的,它都是有缘由的。如我们所说的性格一样,每个人内心原本都是热情、善良的,也就是所谓的“人之初,性本善”,青少年之所以变得冷漠,往往是由于受到成人或影视作品的不良影响,或是不正确的教育和引导。所谓身教重于言传,在家里,父母要做好榜样,热情待人,关心他人,富有同情心;平日里和孩子一起观看富有教育意义的书籍和电视剧,在融洽亲子关系的同时,培养他们热情、善良的品质。这样冷漠的心理就无从萌芽了。

(2)是要积极投身社会公益活动。

青少年应该多参加社会公益活动。比如观看赈灾义演，参加社会各界为“希望工程”的捐款，去敬老院参加义务劳动，为学校和班级捐献书本或盆花，把零花钱和图书捐助给贫困山区的孩子，参与张贴公益广告、标语，义务宣传公益知识等。

(3)是要学会设身处地

青少年要想真正关心、体贴他人，就必须站在他人的立场上，设身处地地为别人着想，体验别人的感受，认识到他人也渴望得到关心和帮助，进而改变冷漠态度。

(4)是要重塑理想信念，促进自我转化。

造成青少年的冷漠心理的原因很多，其中最主要的一点就是理想和信念的丧失。应该说，青少年刚刚跨入学校时，是充满着热情的。但是，你们在沐浴学校生活中的阳光雨露、领略社会的春风的同时，不可避免地要碰到各种各样的阴暗面，遇到一些令人百思不得其解的事。这时候，你们的心理便会发生矛盾和动摇。对待青少年的这种冷漠，要从本质上去理解问题，把熄灭的理想和信念的火炬重新点燃起来。

第三章 解答行为心理,做回原来的自己

解答行为心理问题，需要掌握正确的方法，才能让你的行为不再成问题!

青少年是祖国的未来,所以对青少年的教育刻不容缓,要想从根本上解决青少年的行为问题,就要了解你们在青少年时期的生理和心理发展规律。青少年期是人一生中发展变化非常迅速的时期，是个体生长发育的鼎盛时期，这个时期的身体和生理机能都发生急剧的变化，成为生长发育的高峰期。你们的行为有时让大人们感觉不可思议,但是大人们又对你们的内心世界有多少了解呢? 在这里,解答大家的行为心理问题,帮助大家做回原来的自己。

1.性格畸形产生攻击性行为

现在的青少年性格上出现严重的畸形现象，心理学上讲这种性格畸形容易对他人产生攻击性行为。而所谓的性格畸形主要指人在遇到了超过自身负荷的打击,从而导致的心理缺陷。青少年中常见的异常性格有:无力型、不适应型、偏执型、分裂型、攻击型、强迫性型。

剖析青少年性格畸形的原因

性格是表现一种比较稳定的心理特征的总和。一个人的性格是在先天的禀赋和后天教育下形成并塑造起来的。不管是先天还是后天因素,它们在性格中所产生的作用是非常大的,先天给予的是性格的基础,后天教育才是必要条件,两者之间在相互影响和渗透下,才得以形成一个人的性格。

而青少年的性格可谓是千差万别、各不相同,由于你们正处在由不成熟向成熟过度的阶段,造成你们的性格极不稳定。在心理学上,性格从萌芽时期到最终的成熟定型是一个漫长而又曲折的过程,需要经历童年萌芽阶段、

青少年的成型阶段、成年的自我调节修养阶段，进而逐渐走向成熟。如果一个人的性格异常，那么，将会影响着他的品德和发展，影响着他正常的人际关系，最终使将不能正常的适应学习、工作和社会活动。

一位妈妈给医生发电子邮件时是这样说的：医生，我有一个16岁的女儿，名字叫雪儿。以前她什么话都对我说，想到什么就说什么。可是今年我发现，雪儿变了。现在她一放学就把自己关在房间里，而且不愿意多和我说话。当我问她关于学习和生活方面的情况时，她要么以最简单的回答应付我，要么就冲着我大叫大嚷，说我太烦人。我好担心，女儿性格怎么变化这么大？我很烦心，不知道该怎么办！

其实，这个名叫雪儿的青少年正经历一个性格转变的时期，她的妈妈不要过于着急。因为有的青少年的性格发展提早或延迟，这都会给大家的行为带来不良的现象，如大吵大闹、实施暴力等。造成性格畸形的原因，通常有下面几个方面：

(1)青少年时期是一个特殊的时期

性格从萌芽时期到最终的成熟定型是一个漫长而又曲折的过程。有关心理学家认为，人的性格演变过程需要经历童年萌芽阶段、青少年的成型阶段、成年的自我调节修养阶段，进而逐渐走向成熟。青少年时期是人生中的一个特殊时期，而这一时期所受的影响和教育将直接影响到其一生的性格。

(2)跟家庭父母的文化程度有关

有的青少年的父母文化程度较高，因此，潜移默化地影响着青少年的自制力和灵活性，这类青少年的性格一般都比较稳定。有些文化程度一般的父母，使青少年们的求知欲望和思维能力都比较强，在这种家庭中成长的青少年，性格大多都争强好胜。在现实生活中，富有同情心、自信心并充满热情的良好性格的人无处不在，但是，小霸王、小公主，任性、傲慢、内向并且难以沟通的人也为数不少。

(3)青春期心理

由于青少年时期性格的发展阶段会提早或者延迟，因而，导致一些不良现象产生。现在有很多青少年缺少责任心，不管父母是否艰难，在生活上追求高消费，而且，还自认为自己已经长大了，拒绝父母在精神上给予的关爱。有这种心理的人，如果不加以治疗，终会形成性格偏执。

因此，有这种心理的青少年要加强对自己性格的修养，避免形成一些不良的性格。

培养良好的性格是关键

青少年的不良性格对个人生活、学习的影响是广泛、深刻而持久的。人的性格不是生来就有，而是经过后天形成的，且会随着年龄、职业、地位、环境等因素的影响而变化。因此说性格可以矫正且具可塑性。

小刚出生不久以后，他的父母就下岗失业了。从他懂事起他就发现父母经常吵架或打架，有时小刚稍出一点差错，父母就会打骂或恶语相向。在这种环境中长大的小刚，从小就养成了强烈的逆反心理和粗暴的性格，如果他在家挨了打就跑到外面去找别人打架出气。他曾经还学过武术，有时父母打他的时候，他就和父母对着干。

小刚费了九牛二虎之力才升入高中，但是，由于他的脾气很暴躁，在与同学相处时，稍有不顺心的就和别人打架斗殴。他还经常在校园内“摆摊卖艺”，向全校师生们炫耀自己的“武艺”。在一次打架中小刚吃了亏，他粗暴的性子使他咽不下这口气，他越想越觉得自己窝囊，于是，就用自己的双手敲打教室的玻璃和门窗，最后，他的双手被砸得血淋淋的……

以上例子中的小刚就是由于性格粗暴而造成不良的后果。不良的性格对于青少年的生活和学习有着巨大的影响。每个人的性格都不是与生俱来的，而是后天形成的，它会随着年龄、职业、地位和环境等因素的变化而变化，也就是说青少年的性格是可以矫正且具有可塑性的。培养青少年完善的性格胜过一个重大的发明与创新。那么，青少年应该怎样才能塑造良好的性格呢？

(1)正确地对待自己

有的青少年因为自己的身材和容貌等特点而对其性格造成一定的负面影响，这种类型的青少年如果能正确地对待自身的先天因素，从不为自身的貌美而沾沾自喜，也不因生理方面有缺陷而自暴自弃，每天抱着积极向上的态度来提高自身的文化修养，从而就能培养出健全的性格。

(2)培养良好的道德品质

良好的道德品质对青少年的健康成长是非常重要的，诚实、善良、富有爱心是做人的最基本原则，也是青少年人格健全的必不可缺少的性格特征。而这种性格特点的形成，不只是空洞的说教。善良和爱心是从自己身边的每一件小事开始做起。如果你的爱心与经济利益发生了冲突,你的善意遭到别人的误解,你是无动于衷,还是暴躁如雷呢? 所以,在矛盾冲突中,最终演化的是个人性格的一部分,在这种无人知晓的情况下,你的所作所为才能反映出你的品格。

(3)培养自信心。

实践证明,性格内向、怕遭受困难的青少年如果相信自己有能力去接受各种挑战时,才有可能战胜困难。但是,有的青少年在父母的"越俎代庖"下,慢慢地产生了依赖,逐渐地失去了自信心。要知道,自信心是平时生活的点滴积累所铸就。

2.剖析青少年犯罪心理

青少年犯罪是目前社会最关注的热点,而抢劫又是当今青少年犯罪最突出的特点。2003 年——2005 年上半年,据公安部门调查抢劫案件的统计分析,其中,抢劫案件 41 件 75 人,青少年占抢劫案件的 44%,涉案少年占全部人数的 42%。抢劫犯罪已占犯罪之首,而且涉案人数也逐渐上涨。

剖析青少年犯罪心理

青少年时期是人一生中发展变化非常迅速的时期,是个体生长发育的鼎盛时期,这个时期的身体和生理机能都会发生急剧的变化,成为生长发育的高峰期。而青春期同时也是青少年成长路上的危险期,就像是一颗颗定时炸弹一样,随时都有可能给周围的人和自己带来麻烦。然而,正处在半成熟时期的青少年们,还保留着看待问题的纯真和片面性,对自己的所作所为并没有一个判断的标准。有时候触犯了法律还竟然一无所知,当自己住进监狱时,竟然还带着无辜的语气说:"我不知道这样做是犯法的,我只是觉得好玩。"

年仅 14 岁的夏东,原本是一个学习很好的优秀学生。一次听同学说网吧很好玩,于是放学之后,就拿着自己的零用钱到网吧玩了一次。但是不料这一次即让夏东玩上了瘾,之后一直沉迷于玩网吧和游戏机,但父母不给钱。于是,他想到了向同学下手。一天,他无聊地走在操场上正为弄不到钱上网而发愁,这时看见同学贾某拿着许多零食走了过来。夏东就走上前要贾某给他钱，并威胁贾某说，你要是不给我就叫某某来打你。贾某很害怕，将自己身上买零食剩下的 4 元钱给了夏东。以后夏东陆续向贾某要了 4 次钱，共计 100 余元。接着，夏东看贾某好欺负，就逼贾某带他到其父亲那骗了 40 元。最后一次，夏东逼贾某拿 60 元，贾某不给，夏东便将贾某带到一偏僻地方，把他打伤，并要求贾某在第二天把钱交到自己手中。在这种情况下，贾某才将这件事告诉其父亲，贾某父亲马上到公安机关报案，并配合公安人员将被告人夏东抓获归案。夏东在接受审判时说道："我以为只是敲诈点同学的钱好玩，不知道会有这么严重的后果。"夏东后被判处有期徒刑二年六个月。

这个青少年的话让人啼笑不得，这不得不引起社会的关注。随着青少年犯罪率的上升，很多心理专家开始对青少年的犯罪心理进行解析，主要从下面几个方面：

(1)法律意识比较淡薄

青少年的自我约束能力往往比较差，想法也非常简单，遇事也不考虑后果，很少考虑到其行为的法律后果。据调查发现，有些青少年因为迷恋上网吧而荒废学业，又因害怕父母和老师的管教而弃学出走。还有的青少年模仿网络游戏中的暴力现象，最终，把自己推向犯罪的道路。

(2)心理戏谑性的因素

青少年天真好动，好奇心、求知欲强。如果能将这一特点正确地引导，便会成为学习上的有利条件。但有些青少年却因为自己的好奇心强，用恶作剧的方法而走上违法犯罪的道路，而自己还一无所知。这种恶作剧一般是把自己一时的快乐建立在别人痛苦遭遇的基础上，或以毁坏公物为乐趣。例如，别人走路时他突然伸出一只脚将别人绊倒；有些同学喜欢打架，将别的同学打伤；有些同学以大欺小，没有钱买东西吃、没有钱进游戏室就强行向弱小同学索要等等行为，都反映了违法犯罪青少年戏谑的行为特征。

针对犯罪心理施对策

青少年是祖国的未来、民族的希望，针对青少年的犯罪心理，心理学家曾出了几个预防青少年犯罪的对策。如下面的一个例子，就可以针对这类青少年"对症下药"。

张军是某学校初三的学生，学习不好，爱玩、爱闹，还和一群校外的社会青年混在一起。一天中午，他买了一瓶可口可乐，刚喝了一口，就放入了一些校外朋友给他的粉末状的东西，而后放入附近小学某教室的一张课桌抽屉里。第二天，坐该课桌的小学生喝了这有毒的饮料后，很快就死了。这起案件侦破后，张军后悔不已，他说自己没有想害死人，以为小学生吃了只会拉肚子，但是严重的后果已经造成，张军的后悔不能代替法律的惩罚。根据《刑法》的规定，投毒致人重伤、死亡的处十年以上有期徒刑、无期徒刑、或死刑，最后张军被判处有期徒刑十年。

例子中张军不但法律意识薄弱，而且有强烈的戏谑心理。针对这一心理问题，可以从下面着手做起：

(1)加强青少年的法制意识，强化社会责任感

建立健全针对青少年的立法制度，加大宣传力度，强化青少年的社会责任感，使对青少年的保护不仅仅只是流于形式。学校教育时期是青少年人生观、世界观形成的关键时期，是青少年健康成长的必由之路。因此，学校不应只重视应试教育，片面追求升学率，学校教育工作者也应全面尽到自己的责任。学校教育要把开办法制、道德教育看成是形势需要，把教育青少年的法律意识当做是一门升学功课一样重视，不能重智力而忽视德育，把法制教育当做一种形式，消极应付。

(2)未成年人应自觉遵守国家法律、法规及社会公共规范

习惯是可怕的东西，一旦养成要想改变是很难的，需要消耗很大的精力。因此，未成年人应该时刻培养自己遵守国家法律、法规、社会公共规范，尊重社会公德的习惯，从而加强自我修养，自我调节、自我完善，自觉抵制违法犯罪行为的引诱。

(3)树立自尊、自立、自强的意识

自尊、自律、自强是做人之本，也是未成年人进行自我防范和赢得社会保护的途径。如果未成年人自甘堕落，外界再怎样帮助，也是无济于事的。

(4)用知识武装自己

青少年只有学好知识，丰富社会生活经验，锻炼各种能力，才能对违法犯罪行为有一个清醒的认识，才能分清是非。此外青少年还要加强锻炼身体，增强体魄，这样有助于在遭到暴力侵害的时候，及时逃脱或者进行正当防卫，不至于受犯罪分子的随意侵害。

3.帮助自己走出迷信的圈子

现在普遍认为迷信是由于人们没有判别能力，对事物本质分辨不清，而对某些异象产生的非科学心理，进而由相信至信仰，甚至到崇奉、毫不怀疑的地步。迷信的人往往被某种事物或现象媚惑而醉心，进而沉醉于此，深信不疑。迷信的人思想往往随意放任，盲目地将“信仰”和“崇拜”的事物和说法付诸于积极不屑的行动。

在迷信思想当中，有一个观点是一直为人们所争论的：世界上到底有没有鬼。很多人都自称见过鬼，甚至于将其描述的活灵活现。但是，科学证明，世上没有“鬼”，要相信科学，解除迷信。迷信同样可以腐蚀人的思想，消磨人的意志，扼杀人的理想，甚至左右人的行为，让人在不知不觉中形成消极的人生观，可谓贻害无穷。

透视青少年被迷信迷惑的心理

随着社会的发展。现代的迷信有了更多的形式。经过网络的包装的“迷信”，诸如星座、占卜等形式的“革新”，摇身一变就可以成为高科技。目前，这样的“高科技迷信”，正在互联网上大肆泛滥，给热衷上网的青少年带来了极大的危害。这种披着科学外衣的迷信对思想还未定型的青少年来说，具有极大的诱惑性，更容易侵入青少年的精神世界，危害往往会更甚。

小勇是河北省某中学的高三学生，本来他的学习成绩很好，而且心理状态也把握得很平衡。但是近来不知道为什么却整天情绪低落。爸爸妈妈对此很担心，毕竟高考是人生中一大转折。在他爸爸的反复追问之下，小勇才说出原因，原来自己和同学一起玩一种叫做“笔仙”的游戏时，“笔仙”告诉他高考会落榜，而且将来的女朋友也很不漂亮等等。小勇还告诉爸爸，班内的很多同学都玩过这种游戏，但是他们不敢玩太多，那样的话会折阳寿的。

例子中的小勇被一种“笔仙”的迷信所迷惑，这主要受一些迷信书籍的影响。现在越来越多的青少年很少去关注一些名著，更多的是一些杂书，这对他们的身心健康会有一定的影响。通常情况下，被迷信所迷惑的原因，有下面两个方面：

(10 由于压力是迷信成为青少年心理上的寄托

现在的青少年压力很大,这些压力来自学习、生活及情感等多方面。但是他们的心理却是很迷茫的,将自己寄托在哪呢?对象基本为零,甚至连倾诉的对象也是零,只好借助于一些唯心的东西来说服自己度过心理难关,就像原始人一样,斗不过大自然,自然产生了神话和迷信,也算是无可奈何的表现吧!

(2)受周围环境的影响

青少年心智不够成熟,很容易受到不良影响。封建迷信活动在我国由来已久,我们周围的大人们,包括父母老师,尤其是从官从商的,都爱搞这些迷信活动!“宁可信其有,不可信其无”的思想不断的影响着青少年。而且青少年对科学知识的了解只停留在课本上,无法做出科学的辨别,所以很容易产生迷信心理。另一方面,这个世界上还有许多怪事情是不能用科学的方法来理解的,这样也就促使青少年参与迷信活动。

走出迷信的圈子,世界上没有鬼

有些时候,青少年被迷信所迷惑,主要来自于家庭方面的影响,尤其是在一些农村地区,那里人们的迷信思想还有残留。处于正在成长中的青少年,一定要理智清醒地来对待。

小丽的爸爸妈妈都挺迷信的,不管是出门还是干什么事,都要先看看是不是黄道吉日。在小丽12岁生日的那天,她妈妈通过算命得知,小丽这一天将有灾难。所以她妈妈一直跟着她去上学,并且等了整整的一天。放学后,又和小丽一块回家,并且要和小丽手拉手,省得女儿出了什么意外。

小丽妈妈的这种做法是错误的,时间长了,容易影响到小丽的心理成长。可见,在家里,父母的言行举止影响着青少年的成长。在平时,青少年应多读些科普书籍,帮助自己走出这种迷信心理。

(1)在社会的关注下,更要从自我做起

青春期,你们容易受迷信、信仰、学习压力等各个问题的影响。你们的健康成长关系着国家未来的命运,全社会都在关心和帮助你们。所以,你们更要学会从自我做起,全面认识自己,看到自己的优点,培养对自己的信心,这样你们便无须求神而是更有信心把握自己的事情。

(2)培养正确的人生观

在成长的道路上,青少年要培养自己正确的人生观,纠正错误的观念,以免走到错路上。青春期时,在好奇心的驱使下,认识和接受事物常常不分良莠,对很多神鬼魔幻的东西,往往感到好奇,有意思,在思想放松中,不知不觉就深受传染。

(3)多读一些科普书籍或多看一些科普作品

青少年应把更多的时间放在参观科学馆或读书上,以引导自己尊重科学、热爱科学的观念,让科学的光芒照亮自己的思想。

(4)青少年要增强自身的抵御能力

除了社会,学校、家长以外,作为青少年自己,也要提高自己的思想,不要被迷信所迷惑,并经常参加一些科学活动。

(5)青少年要有一定的辨别能力

据一项调查结果显示,北京初高中生迷信网络算命的已占40%;重庆中学生中超过一半"信命";中国社会科学院宗教所和中国无神论学会的调查中,"有点相信"、"很相信"网上算命的中学生,分别占41%和5%,遇见难以决定的事,11%的青少年更会根据网上算命抉择。不少学生最初接触迷信是出于好玩、跟风,但某些人却慢慢上瘾、成了习惯。毫无疑问,一系列事实必须引起人们的高度警惕与重视。

所以,青少年针对一些电视、网络、书籍等传播媒介,应要有辨别是非的能力。

4.何谓"义气",远离团伙滋事

在封建社会中曾被大肆推崇的路见不平、拔刀相助的江湖义气,如今变成了青少年奉为信仰的哥们义气。他们呼朋唤友、称兄道弟,趣味相投、抱成一团。为了所谓的义气,是非不分、丧失原则,甚至违法犯纪、胡作非为,最终成为义气的牺牲品。在不少人眼中,"义气"一词的含义已经发生了畸变,狭义地成了"为朋友两肋插刀"。

青少年讲义气心理原因的解析

青少年在这一时期,对周围事物的认知、辨别能力还不成熟,往往对于自己感兴趣的事情就去做,很少考虑周全。如,许多青少年在看了电视中播放的电视剧之后，被故事中的哥们义气所感染。同时，也为了满足强烈的物质欲望、填补精神空虚，寻求各种刺激，在情趣相同的情况下，结成团伙，自觉或者不自觉的走上了犯罪道路。

小俊喜欢看武侠小说、电影，对书中或电视中的“义气哥们”，很是佩服。有一次，小磊打伤了小俊的哥们小阳，为了替自己的好朋友抱被打之仇，小俊约了五六名朋友在舞厅门前晃悠，准备报复小磊。为了防止在殴斗中吃亏，小俊事先将带来的菜刀藏在了附近的一棵小树下。正当小俊感到烦躁时，忽然有人在他的肩膀上拍了一下，小俊回头一看认出是以前在一起打过牌的朋友小郭，在小郭身后还有十几个同伴。小郭说自己是受小磊之托前来说和这件事的，小磊打伤小阳是场误会，希望大家看在他的面子上化干戈为玉帛。小俊不愿意，非要小郭把小磊交出来。而小郭坚持不说出小磊的下落来。结果两个人反目，小郭一拳正好打在小俊脸部，愤怒的小俊立即扑向小郭，与小郭扭斗在一起。小郭的同伴一看小郭在打斗中处于下风，立即一轰而上将小俊团团围住，小俊的同伙见状也不甘示弱，冲上去与小郭一伙混战在一起。小俊一伙人少，打不过小郭。看到这种情形，小俊立即跑到小树下操起那把菜刀，向小郭他们一伙砍去，迅速反败为胜，将小郭等一伙人打得七零八落，四散而逃。小郭见状不妙扭头准备逃离现场，小俊迅速上前将他拦住，在小郭的脖子和右膀子上各砍了一刀。小郭由于心中害怕瘫倒在地上，而小俊等一伙人见事情闹大了，立即分头逃跑了。

小俊受电视、武侠小说的影响，对义气与友谊不分，自认为凡团伙成员都具有浓厚的哥们义气，把哥们义气奉若神明，认为它是处事和衡量友谊的一个标志。其实，哥们义气与友谊是截然不同的。青少年渴望友谊，但是千万不可误把哥们义气当做友谊。诚然，友谊需要互相理解和帮助，需要义气，但这种义气是要讲原则的。如果不辨是非地“为朋友两肋插刀”，甚至不顾后果，不负责任地迎合朋友的不正当需要，这不是真正的友谊，也不是真正的义气。

可见，青少年分辨是非能力太弱，其处世的无知性、盲目性很难应付来自社会各方面的影响，经不起诱惑，很容易被别人拉拢、利用，或控制不住自己的情绪，意气用事，不计后果等，从而走上了犯罪的道路。

因此，青少年交友要慎重。交友是青少年社会交往中非常重要的事情。伙伴之间常常是互相模仿，互相影响，彼此常常是无所不谈，可以互诉苦恼、互相同情。两代人之间的代沟常常使他们从伙伴那里寻求温暖和力量，有时甚至可以达到言听计从的程度，为哥们义气可以“上刀山、下火海”，在所不惜。而对父母和教师的教导和劝告，常持怀疑和忽视的态度。

理性交友，远离团伙滋事

其实义气是讲原则的，如果不辨是非，不顾后果地迎合朋友的不正当需要，这种义气就是一种无知和盲从，是与现代文明社会极不相容的。人之相知，贵在知心。如果与心术不正的所谓“朋友”纠缠不清，自己就可能陷入一个不辨东西的迷魂阵里，从而害人害己。据有关资料显示，在一个少管所里，青少年罪犯中有 78%的人是受“哥们义气”的影响。

16 岁的小张，从老家到北京找到了一个保安的工作，并与一起做保安工作的同事郭某、徐某等人成了吃喝不分的铁哥们。一天，郭某提出想出去旅游，并提出去抢出租车司机的钱。开始，小张不想去，但碍于面子他勉强同意了。第二天，这几个人携带凶器对一过路女青年实施抢劫，最终被抓获。结果，小张被法院以抢劫罪判处有期徒刑 8 个月，宣判以后，他对法官说：“是哥们义气坑害了我啊！”

有些青少年分不清友谊和哥们义气。友谊应该是人与人之间的一种真挚的情感，是一种高尚情操，友谊使你赢得朋友。当遇到困难和危险时，朋友会无私帮助；如果有了烦恼和苦闷时，可以向朋友倾诉。而“哥们义气”源于江湖义气，会为“哥们”私利而不分是非，不讲原则。常常干出一些蠢事，甚至不惜坠入犯罪的深渊。16 岁的小张就是典型的例子。

首先，青少年要学会控制自己的情绪。冲动是魔鬼。许多青少年都是由于一时情绪失控，没有考虑清楚，而走上犯罪道路的。所以青少年一定要学会控制情绪，不要听说朋友被欺负，就愤怒的不得了，要找别人报仇。

其次，大家不要盲目的从众。许多犯罪的青少年，都具有这样的心理，就是别人都去帮朋友，我不能不去，根本不考虑事情的严重性。结果朋友没有帮到，反而害了自己。

最后，培养青少年自控能力和独立处事的能力

自控能力和独立处事的能力使青少年能够清醒地认识自己在何时该讲哥们义气，何时又该放弃哥们义气。因为同伴关系的持久力、内聚力对青少年的成长发挥着巨大的作用，也影响着他们接受错误教育后能改正的程度。而自控能力和独立自控的能力在这时就派上用场了。

5 离家出走——故意赌气

青少年时期处于成长的困难期和危险期，其中 15 ~ 18 岁这一阶段的青少年表现得最为明显。这个阶段的青少年由于身心发展的不平衡会表现出渴望独立的反叛一面，他们的内心世界是极度敏感和脆弱的，此时，青少年会特别渴望得到父母的关爱和支持。当他们感受不到家庭的温暖和父母的关爱时，在学业的巨大压力下，就会通过一些极端的手段来释放心中的抑郁和不快。比如：离家出走。青少年离家出走的现象给家庭、社会及本人都带来巨大危害。

所谓离家出走是指青少年在没有得到父母或其他亲人允许的完全不知情的情况下，私自离开家庭故意隐瞒其去向的行为。据有关人士调查，青少年离家出走的现象处于猛增不减的状态，这种不良现象让很多的家庭和学校束手无策，也成了社会关注的一大焦点。

解密青少年赌气心理

据一项调查显示，存在离家出走的青少年占调查对象的 25.6%，超过四分之一。可见青少年离家出走已经成为了一个不容忽视的社会问题。而青少年离家出走，大部分是因为得不到父母和老师的理解，心理压力过大而不能自拔。关于青少年负气离家出走的新闻屡见不鲜。每一个出走事件背后都有一串揪心的故事，发人深省。正像卢梭说的那样教育必须顺着自然，也就是顺其天性而为，否则必将产生本性断伤的结果。

13 岁的小阳是家里最小的孩子，他的上面还有两个哥哥一个姐姐。他的母亲是个“药罐子”，父亲是个“酒鬼”，家里一贫如洗。他没上过一天学，父亲稍不如意就对他拳打脚踢，喝醉了还会用扁担抽他。9 岁那年，小阳离家出走到处流浪，先后去过昆明、武汉、长沙等地，一直流落街头，靠捡破烂为生。但自从到广州后，便被一个票贩子“收留”，开始替这个票贩子到广州火车站倒卖火车票。因为倒卖假火车票，被广州火车站派出所民警抓到公安局的受案室里。一走进到受案室，他就主动掏出身上的 20 多张假火车票。民警在做笔录时，问他什么答什么，很是流利。但当民警提出要送他回家时，他却号啕大哭起来："我就是在外面冻死、饿死，也不回家。"

小阳由于受家庭的影响，心理上赌气离家出走。现在，越来越多的青少年朋友选择离家出走，不仅让父母操心，有些出走的青少年还会走上犯罪的道路。这都是离家出走的危害，既然有危害，那么是什么导致青少年离家出走的呢？

（1）对外面世界的向往

具有这类想法的青少年，从小被家人溺爱，备受娇惯，但缺乏应有的引导和教育。他们中的有些人甚至与社会上不务正业的人交往，为此而不惜离家出走，以追求向往的"自由"。

（2）逃避现实

由于一些青少年生活在对身心发展不利的家庭里，常遭打骂。他们中的大多数人学习成绩较差，为了免受打骂便一走了之。还有一些离家出走的青少年是因为忍受不了学校的学习压力，或者是升学压力，而选择离开。

（3）为了报复父母

因受到或自认为受到家长的不公平对待，就用离家出走进行报复。但是他们一般不会走得太远。当暗中窥视父母东寻西找的狼狈相时，还会幸灾乐祸、得意洋洋。

（40 盲目跟从

出于好奇心，或轻信别人的话，轻率出走。具有这类心理的青少年比较单纯，辨别是非的能力较低，行为带有一定的盲目性，一旦出走便后悔莫及。

某市初三的一名学生，平时也不学习，在家里一有空就学打坐，还经常让爸爸妈妈帮他看自己的眼睛是不是冒火，掌下是否生风。时间长了他见自己的功夫不见长进，于是，趁父母不在家，他就偷拿了家里 2000 多元钱，离家出走独自去少林寺学武。因为他不知道路，费了好长时间才找到一所武校。但是他身上的钱已经花完了，当父母找到他时，他已经因为饥饿过度而躺在医院里了。

从上例中我们可以看出青少年离家出走的行为是各有差异的，不同的家庭背景、不同的学校环境和不同的性格特征等都是有可能离家出走的。总体来说，青少年离家出走对其身心健康成长是极为不利的。很多青少年离家出走，不仅荒废了自己的学业而且还影响自身的健康成长，有的甚至造成伤残。据调查,各国离家出走的青少年,有不少被非法分子割去了生殖器或肾脏等器官,造成终生残疾,使其终生痛苦不堪,最终把自己逼上绝路。还有些青少年离家出走后四处流浪,在生活上无依无靠,经常饥一顿饱一顿的。

6.逃学——不受"约束"的心理

据有关人士调查显示,学校里的逃学现象越来越严重,其主要原因是青少年心理上缺乏"约束",太自我狂妄。对于多次逃学的青少年来说,一旦养成习惯性逃学,将与集体相隔疏远,与老师和同学相抵触,甚至与违法犯罪行为相关。

逃学作为一种心理状态来分析,它并不是特定学生所有的,而是所有学生在某种程度上共同潜在的问题,一旦造成厌学的客观条件发生,便会在行动中表现出来。

解析逃学心理的形成原因

一般来说,产生逃学心理的青少年有如下几个特点:对各科学习失去兴趣而不愿意把时间浪费在无用的课堂上; 自认为学习完全是被动地混日子等文凭;学习不努力且对成绩毫不在乎等。青春期是青少年易产生轻狂心理的时期,对周围事物的认知能力还不够,因此逃学行为是一种常见的心理现象。

小伟小学时成绩很好,上了私立中学后却受到一些不良风气的影响,互相攀比、不爱学习,还迷上了玩电脑游戏,于是开始逃学旷课。他妈妈听说外省有一所培训学校专门纠正青少年的不良行为习惯, 就给小伟办理了休学手续,以旅游为名将小伟哄骗到那所学校……小伟在那里吃了不少苦头,跟着部队训练、和当地的农民一起干农活等等。一年后小伟回到家中,行为习惯确实有所改变,但由于文化课落下太多,小伟回校后跟不上教学进度,又开始逃学。

其实,小伟的逃学心理是众多青少年逃学的普遍心理,是由对自己缺乏约束力,爱玩,没有学习目标等综合原因而引起的。根据心理专家的分析,青少年产生逃学心理的原因有下面几个方面:

(1)学习压力过大

父母的望子成龙、望女成凤的心理，社会追求高学历、高录取率的风气等，这些都给青少年的学习增加了无形的压力。由于处于青春期的他们生理和心理发展不成熟，又缺乏沟通的对象，就把各个方面而来的压力积压在自己心里，时间长了，心中便会产生在学校没劲、学习让人苦恼的想法。

（2）考试的压力

对于竞争日益加剧的当今社会，学生面临着严峻的挑战，他们只有能过中考、高考才能有出路，这使得他们夜以继日的加紧备战。学习优异者担心水平不能正常发挥，学习不良者自暴自弃，失去学习的追求与热情。有些学生尽管花费了大量的时间和精力去学习，但由于没掌握良好的学习方法，在考试中屡次遭受失败，因而也会产生厌学或者逃学。

（30 突出的情绪问题

在整个儿童期到成人，是抑郁症的第一个高峰。很多青少年都有消极、轻生的念头。大家对个人的未来感到迷茫，对前途悲观、绝望，还有着强烈的自卑心理。当心理矛盾达到极点，会因抑郁而轻生，更别说厌学。

（4）缺乏兴趣

如果青少年上自己不喜欢的课，对这一科不感兴趣时，就会有厌学的心理，或者是逃学。

（5）网络的诱惑

据调查，好多青少年厌学或者逃学都是因为网络的诱惑，沉迷在虚幻的世界，一旦陷进去，便不可自拔。

矫正逃学心理，学会自我约束

青少年正处于一个心理萌动时期，生理、心理上都在发生急剧的变化，并逐步趋向成熟。在这一时期，立足培养自己的自主性、约束力，是很重要的。因为在这一时期，大家道德的、认识的、情绪的、兴趣的、自我的各个方面的变化同时发生，面对纷繁的环境，应学会全面看待，克制住自己，把学习作为自己的主要任务。

一位爸爸为了儿子逃学的事对心理医生这样说："我儿子是一名高中生，由于他从小一直喜欢踢足球，我们也就顺了他的意愿让他上了体育特长班。前两个月，我刚好经过他们学校，便到学校看看他们特长班的上课情况，发现一下午的文化课教室里竟只有七八个学生在上课，老师兀自讲课，完全不问其余学生的去向。后来我又连续到学校去观察了几次，全是一样的情形。问他的班主任老师,老师说:确有此现象存在。我就此找了校领导,要求解决问题,孩子不能就此给荒废了。校方经过商讨后,决定解散特长班,把学生分编到其他文科班。这个问题看似解决了,可新的问题又来了:原来班的学生们在一起自由散漫惯了,新班的纪律严了,他们不干了!不敢明着干,就隔三岔五地三五个邀到一起在外边泡网吧,有时候甚至彻夜不归!老师拿这种现象也没有办法。”

例子中,学生出现的逃学心理,学校没有从根本上解决,这就更让学生的逃学心理越来越严重。要矫正青少年的逃学心理,学会自我约束,要注意几个方面:

(1)青少年要学会抵制社会不良因素的影响

作为青少年应充分认识学习的意义,面对学习上的失败要进行正确的归因,全面评价自我,恢复自尊与自信,扬长避短,重新设计,塑造自我,能适应环境,不被社会一些不良因素所影响。

(2)靠意志来调节、支配注意

学习是有预定目的活动,需要一定的意志努力才能圆满完成。比如,正在上课时,突然从窗外传来一阵悠扬的琴声,大家会情不自禁地去倾听这优美的乐曲,但意志又会促使我们把注意集中到听课上来。在学习过程中,周围环境不可能十全十美,如果对环境干扰或诱惑缺少克制能力,就很难专心致志。所谓培养自我约束能力,就是既能在安静的环境里学习和工作,也能在嘈杂的环境中学习和工作。因此,我们要磨炼出能在闹中求静的本领。

(30严格、科学地督促自己

为了培养自我约束能力,要有一套自我督促的措施和方法。为了做到“今日事今日毕”,要明确规定当日学习任务,并把这些任务分解成容易处理的几个部分,就像移山一样,一块一块地搬,还应事先给自己规定完成的期限,督促自己不断进步。

7.让理智操纵行为——学会思考

越来越多的青少年有冲动的行为,稍不留意就有可能走入弯路。殊不知,冲动是魔鬼。因此,青少年在遇到一些事情的时候,一定要保持冷静的头脑,让理智操纵行为,学会思考。

处在青春期的你们一定要理智多于感情，任何事情不要冲动，要三思而后行，理智为上，只有这样才能健康向上的成长。

缺乏理智，是件可怕的事情。

理智就是一个人用以认识、理解、思考和决断的能力，或辨别是非，利害关系以及控制自己行为的能力。在古希腊哲学家阿那克萨戈拉哲学中，理智又被译为努斯，努斯是永恒的无限的无形的独立自为的，知晓一切并支配一切。理智是遏制疯狂的最有效的休止符。理智的伟大在于：敢于与人心深处潜伏的兽欲作殊死的抗争。当理智获胜时，生命就能保持崇高和尊严。当理智崩溃时，生命就变得那么丑恶和卑鄙。理智是可以培养的。青少年要想拥有理智，就必须学会思考。否则，将会出现不堪的后果。

冬冬是某校高一学生。从小学到高中，学习成绩一直名列前茅，各方面表现都很好。后来因父母离异，致使其心理、性格扭曲，学习成绩一落千丈。他同情母亲的不幸，憎恨让父亲离家与其非法同居的“第三者”。长期的心理压抑使他失去理智地将这名“第三者”刺死，最后，被判无期徒刑。

由于受家庭因素的影响，冬冬失去了理智而走向犯罪。青少年应学会冷静地思考，思考是打开知识大门的一把金钥匙，是大家了解事物、分析事物、解决问题的必备条件。学会思考是体现智力的主导思想。它是一种力量的源泉，能激励一个人勇往直前、坚持不懈、战无不胜，而大家之所以缺乏理智，有下面几个原因：

(10 长期怨恨的积压

人是感情动物，忍耐程度也是有限的，对于比自己强势的人在指责、痛哭甚至欺负自己时，总想忍忍就过去了。然而，那些强势的人总是不能很好地把握分寸，得寸进尺。而弱势的人忍耐程度也是有限度的，长期怨恨的积压，到了一定程度就像火山爆发一样，一发不可收拾。这时，感情是大于理智的。尤其是处于动荡不安的青春期，由于神经分泌，青少年的自控能力更弱，自尊心更强，一旦积压已久的情绪爆发，造成的伤害更是让人难以想象。

(2)被说中痛处

在现实生活中，每个人都有缺陷，但每个人又都有自尊，当别人无意间或者故意嘲笑自己的缺陷时，就会失去理智，任由情绪爆发，这种情况通常发生在青少年群体当中。

(3)性格使然

人的性格也决定其理智的程度。一个脾气暴躁，性格急躁的人更容易失去理智。可见培养青少年的性格尤为重要。

冷静思考，理智对待

青少年在学习过程中，如果只知道读书而不深入思考其中的涵义的话，那么，就会因此迷惑而无所得；如果整天只是空想而不去学习，就会因为精神疲倦而无所得。孔子曰："学而不思则罔，思而不学则殆。"这两句话蕴涵着深刻的教育和指导意义。思考始终是鲜活的，它坚持以厚积为基石。马克思曾说："在科学的道路上是没有平坦的大路，只有在崎岖的小路上不断攀登、不畏劳苦的人们，才有希望到达光辉的顶点。"从这个意义上我们就可以看出思考是获得成功的阶梯。那些不会思考的人永远也感受不到生活的乐趣和喜悦。

李强的作文常成为班级的范文。李强的父母均系老三届知青，因文革的原因未受到良好的文化教育，他们将一切希望寄托在儿子身上。尤其是李强的妈妈，望子成龙心切，要求孩子每门功课都要达到95分以上，不给孩子一点休闲时间，李强对此十分反感。一次，晚饭后，李强打开电视看足球比赛，遭到妈妈严厉反对，双方引发争执，盛怒之下，沉积在李强内心的怨气一下子爆发出来，他失去理智地拿起茶几上的熨斗，砸中母亲的头部，母亲因失血过多死亡。

在例子中，李强由于家庭带来的压力，心理上发生了扭曲，在与母亲的争吵中失去了理智。这是社会的悲哀。青少年正处于花季般的美好时期，却因缺乏理智迷失了自己。可见，青少年学会冷静思考，让理智操纵行为，在成长中起着重要的作用。

(1)了解自身特点，培养自我认识能力

青少年要客观地评价自己，明白每个人身上都有优点和不足，不要苛求自己去做做不到的事情，还要经常看到自己的优点，积极接受自己的短处，才能在快乐的情绪中循序渐进，健康成长，才能培养乐观健全的个性。

(2)学会倾听和表达，培养良好人际交往能力

"听"和"说"的技能是人际交往的重要环节，青少年在与人交往时要恰当地运用言语和非言语进行自我表达，表达自己的观点、愿望和需求，避免误解和猜疑，形成良好的人际关系。

(3)培养缓解压力的能力

青少年由于生活经验不足、承受能力有限等原因，有时对自己的情绪难以把握，在遇到困难和矛盾的时候可能不会调整和控制自己的情绪，造成许多的烦恼和冲突，而长期的情绪压抑更是精神疾病的基础。因此，要懂得和学会宣泄和放松，这样才能保持心理平衡和良好的心态。

(4)培养应对能力。

对于青少年来说，往往对生活缺乏应对的态度和办法，不知道从什么地方着手解决问题，这样容易产生苦闷、难过、恐慌等心理问题。青少年要学会解决问题的能力，认识问题出现和存在的客观性，寻求解决问题的突破口和方法步骤，要讨论，要协商，要探讨，要尝试。

(5)培养自律能力

青少年之间容易因一点小事产生摩擦和矛盾，轻者闹意见，重者就会一时冲动，自觉或不自觉地出现攻击性行为。所以青少年要培养自己的自律能力，不为自己的利益火冒三丈，学会用和平的方法替代攻击性行为。

第四章 时刻梳理情绪，拥抱积极的生活

管理好自己的情绪，寻找情绪变化的“阀门”，打造出积极向上的生活！

青少年时期，是个“多梦”的年龄阶段，有“急风骤雨”和“心理断乳期”之说，人类几乎所有的情绪，都可在青少年身上体现出来。当青少年步入一个前所未有、纷繁多彩、充满波动的情绪世界时，他们所具有的情绪控制与调节能力，对其心理健康的影响将是长期和深远的，并扮演着越来越重要的角色，这就要求青少年必须认识、理解和掌握相关的情绪调节策略，找出情绪变化的“阀门”。

1.学会调控自己的情绪

情绪是一个人心理活动的核心，它对身心健康有重大的影响。因此，青少年自觉地调节和控制情绪是身心健康的重要内容。

青少年时期大家都是处于多梦的年龄阶段，这个时候大家的情绪也会变化无常，并且各类情绪的反应强度也各不相同。例如有关悲哀方面的有失望、遗憾、难过、伤心、绝望等等，这些不同的情绪反应在每位青少年身上都存在着。因此，他们在情绪体验的过程中，也是千变万化相当丰富的。

青少年，放纵情绪如同纵火

青少年在成长的过程中总会有挫折和烦恼。随着青少年自我意识的迅速发展，他们的情绪也增添了一些独特的光晕。这里面不但包含个性及自我感知还有性别的差异。例如同样是忧虑，有的青少年像林黛玉那样整天郁郁寡欢；而有的像文天祥那样慷慨大度。同样负面的情绪却有不同的体现，男生一般是易发怒，女性则是表现为悲哀和恐惧。同样的道理：性格外向的青少年容易被兴奋、乐观的情绪所笼罩；性格内向的青少年容易被悲伤和忧郁所感染。对于青少年来说，不是有情绪就发泄，而是要善于控制和调节自己

的情绪。

李伟平时性格内向，学习成绩处于中上等，从没有打过架，升入高中后学习压力加大，在同学交往中处于弱势，还经常听别人的指挥，在家里妈妈经常唠叨，别和坏孩子玩，要好好学习等。可是，有一次，他和一名外班同学发生口角，那名同学骂了他，他压抑不住心中的怒火，出手打了那名学生。

例子中李伟的情绪发生了波动，不仅来自于学习上的压力，还有家庭方面的影响。从心理学上讲，青少年心理上的承受能力太弱，容易在情绪上产生冲动。尤其青少年在遇到某些挫折或人际交往中发生某些矛盾一时难以处理时，往往会以偏激的方式表现出来。

在生活中，挫折是客观存在的，每个人都会在生活中体验到各种各样的挫折。挫折对人有弊也有利。挫折对于抵御挫折能力强的人来说是一种动力，它可以激发个体的意志努力，更坚定地朝着自己预定的目标奋力前进，直至达到目标。在这个过程中，大家应该面对现实社会，不断调整自己，不断战胜困难，体验成功的喜悦，积累成功的经验，自信心不断得到增强，人生价值感得到提升。但对抵御挫折能力弱的人来说，挫折是毁灭，会把人压折了腰，通常表现为不能正视现实，经常采取逃避行为来应付自己所处的环境，在遇到外部矛盾对立面的实力强大时，就会把攻击的矛头指向自己，自虐自残。

青少年的这种可怕的情绪释放，将有可能带来可怕的结果。这对大家以后的成长，有着重要的影响。

学会控制好自己的情绪

在日常生活和学习当中，青少年不管做什么事情都是带有情感色彩的，取得好成绩时，就会感到喜悦、兴奋；失去最珍贵的东西时，就会感到惋惜、悲伤；愿望没有达到时，就会愤怒、失望；和陌生接触时，会感到局促不安等等。这些喜、怒、哀、乐等都是他们的情绪活动，因此，青少年时期是个神奇多彩的情绪世界。

据有关专家研究表明，青少年拥有积极健康的情绪，有助于他们的身心健康的成长。例如愉快、欢乐、适度的紧张，可以使心脏的血液输出量增加，能促进整个身体的血液循环，可以使人的精神振奋、增强大脑的工作能力。然而伤心、悲痛、愤怒等消极情绪，不但能引起生理变化，还不利于青少年的身体健康。所以,青少年要懂得情绪对心理健康的重要作用,并学会自我调节和控制情绪。

小徐是某重点中学的初一男生,他性格内向,没什么朋友,但这并不影响他什么,他觉得一个人独来独往挺好的。可最近,他突然觉得很孤单,大部分时间心情低落,老是喜欢发呆,对学习不感兴趣,成绩明显下降。

每当妈妈问他为什么没考好时,小徐就更加沉默,或者干脆不理妈妈直接回到自己的房间,锁上门谁也不让进,任凭妈妈在外面拍门,叫喊也不理,且脾气也很大。其实小东心里觉得很对不起妈妈,时常生自己的闷气,甚至觉得活着没有什么意思,不时有轻生的念头,好像对自己失去了控制。

例子中的小徐正是由于情绪变化而产生可怕的轻生念头的写照。在这个世界上,没有人能够保证自己每一天都处于良好的情绪状态。情绪就像染色剂,它会在青少年的学习和生活中染上各种不同的颜色。然而,情绪又像变速器,让青少年的学习和生活时不时地加速或减慢。

青少年时期是处于典型的烦恼增殖期,当你有闷闷不乐或者忧心忡忡时,首先要做的是找出原因,而不是压抑自己的消极情绪。有时候,当你找到自己情绪不好的原因后,内心就会轻松许多。著名的心理学家塞伊说:“许多人都将自己的情绪变化归于外部发生的事,往往忽视了它与身体的内在的'生物节奏有关系。”因此,青少年在产生各种不同的情绪时,是带有独特的主观体验色彩的,在青少年时期的认知能力及意识水平的提高,要允许自己有情绪的变化,然后把握住自己情绪变化的规律,慢慢地学会控制自己的情绪。

总之,青少年时期有一个乐观而稳定的情绪有助于提高学习效率。在困难和逆境中保持乐观向上的情绪会增强自信心。所以,乐观稳定的情绪是青少年心理健康的重要标志。

2.用快乐的心情战胜焦虑

青春期是焦虑症的易发期,这个时期个体的发育加快,身心变化处于一个转折点。随着第二性特征的出现,个体对自己的体态、生理和心理等方面的变化,会产生一种神秘感,甚至不知所措,加上其他因素,如:学习压力、人际交往压力等等都能引起青少年的心理焦虑。焦虑障碍最常见的表现形式有:恐惧症、惊恐发作、广泛性焦虑、强迫症、身体障碍和疑病症、情感爆发、创伤后应激障碍。

找出焦虑心理的真正原因

所谓焦虑症是指焦虑性神经症,是一种常见的神经症,患者以焦虑情绪反应为主要症状,同时伴有明显的植物性神经系统功能的紊乱。

患有焦虑症的青少年,常常处于过度担忧、害怕的状态,而且产生的焦虑、担忧或害怕程度与他们的年龄以及所处的环境极不相称,周围的人常还认为他们自寻烦恼。

大多数青少年都是因为学习情绪不良而产生的焦虑。此时,青少年对学习有轻微的焦虑是很正常的。据心理学家调查研究表明:青少年时期有适度的焦虑是他们学习有责任感的反映,它恰恰可以使人自我调整。但是,如果青少年的焦虑程度产生过分的紧张、担心和忧虑,甚至恐惧,这就造成了严重的心理问题,对他们的身心健康成长极为不利。

她原在某市的中学读书,父亲在市里工作,母亲是县里的小学教师,有一个妹妹和母亲住在一起。平时她和父亲生活在一起,假期回县城与母亲妹妹团聚。上高中时父亲因病去世,为了让她有更好的学习条件,母亲坚持让她在市里的重点中学习,她自幼有良好的学习习惯,记忆力也很强,遵守纪律,尊敬师长,因而深受老师的器重。但她对数理化无兴趣,通过自己努力才勉强使数理化考试保持在八十分上下。因为老师器重她,所以只要市里,区里或学校里有竞赛活动,不管是什么竞赛,老师都要选派她去参加。为此,她的学习负担十分沉重。每逢竞考,“战前”的几天她都要死背硬背、苦练苦算到深夜。而且竞赛过后,经常失眠、多梦,梦中总是在做数理的竞赛题,要不就是梦见自己在竞赛时交了白卷。在一次期末考试中,她全科失利,平均分数仅七十分。以后,只要临近考试,她就总是焦虑、心慌和彻夜失眠,最终参加高考也以失利告终。

这是一例典型的因学习压力而产生的焦虑心理。青少年产生学习焦虑是由他们们对自身的认识不足和繁多的课程及父母强迫等因素造成的。焦虑的强度有轻有重,轻者仅是单纯疑虑不安,重者可达极度惊恐。

据一项调查显示,青少年焦虑感较强,有25%的人经常觉得“人生好像战场一样”,表现为情绪紧张,心理压力大。调查中,70.1%的人认为“学习压力很大”，30.1%的青少年赞同“基本上，我没有从学习中得到快乐”。更令人担忧的是，青少年的精神健康状况有进一步恶化的趋势。调查中，“自杀或企图自杀”的比例从十年前的3.7%上升到现在的7.7%，“离家出走”的比例则从4.0%上升到7.8%。

青少年产生这种心理，除了学习压力的因素外，还受一些心理类问题的影响。身体发育提前而性心理的成熟则存在着相对后延的趋势，这二者之间的冲突，带来了许多青少年心理问题。与此同时，青春发育期的生理剧变，必然引起青少年情感上的激荡。这种动荡的情感有时表露有时内隐，然而尽管他们内心里激动、高兴或苦恼、消沉而表面上似乎很平静；他们有话有秘密想与别人倾吐，可无论碰到父母或老师却又缄默不言，这种情况如果得不到理解，便会出现压抑心理，出现焦虑与抑郁。

让快乐常存心中，战胜焦虑

心理学上说，焦虑是可突然性发作的，青少年过度的焦虑是学习和考试的大敌。它会直接分散注意力还会使记忆力衰减等等，这些不良现象集中在一起会引起自我认知的偏差，还会导致自我怀疑，最终对学习失去信心。甚至还会出现一些生理反应，如失眠、多梦、神经性倒胃等。

对于焦虑心理，青少年也不要过于着急，只要大家心中常保持一份快乐的心情，焦虑就会远离。其实，快乐的心情完全是由自己营造的。

她是高三的学生，毕业之后被保送上了医科大学，别的同学都很羡慕她，说她命太好，既没有高考的压力，也没有等待通知的不安。但她却焦急起来，每天都觉得头胀胀的，有一些莫名其妙的想法出现在他的脑海中，而且特别害怕看到与死相关的东西。又不敢跟父母亲讲，怕他们不理解，被骂。

这位青少年的焦虑心理，纯粹是一种无用的担忧。她应该笑对周围的人，把自己的快乐带给他人，而不是让一些莫名其妙的瞎想，导致自己陷入焦虑的状态。

首先，青少年要学会倾诉自己的烦心事。

青少年产生在焦虑不安、烦闷的情绪状态时，注意要多出去散步、四处看看。同时也可以向亲人或朋友倾诉内心苦闷和忧郁。经过别人的开导和指点，不仅可以减轻心理压力还可以让你豁然开朗，成为一个积极向上的人。

其次，要分析自己焦虑的原因。

青少年经常会感到有焦虑心理，但是，有些青少年对焦虑是模糊不定的，搞不清楚自己焦虑的事物是否值得去焦虑，所以青少年对于所做的每件事要弄清楚事情的前因后果。避免浪费你宝贵的时间而产生多余的焦虑。

青少年时期有适当的焦虑可以成为激励自己奋发向上的动力，但是由于青少年的认世心理不太成熟，对生活中的细枝末节表现的特别敏感，因此，焦虑的心理就会以情绪障碍的方式出现，此时，青少年要正确地认识自己的焦虑，用积极向上的态度去面对它，用坚强的毅力去击碎它。从而，健康快乐的学习和生活。

3.冲动不需要暴力解决

在生理学上，冲动是指神经受到刺激后产生的兴奋反应。从心理学上，冲动易带来攻击暴力行为。在我们的日常生活中，冲动是最无力的情绪，也是最具破坏性的情绪，也就是理性弱于情绪的心理现象。冲动是来源于自我保护的一种心理补偿。

心理学家发现，在人类当中，青少年的冲动行为达到了人生中的顶峰。这个时候青少年的大脑前额部位还在继续发育。在有些人身上，冲动行为的顶峰还要等到你们刚刚成年的时候。

分析青少年冲动的心理

在生活或学习中，青少年常常会有这样的情景：学习时受到外界干扰，珍爱的物品被别人损坏或自尊心受到伤害等，都容易使其发火。有些青少年与人相处时，还往往因为一言不合就火冒三丈。在情绪冲动时，做出使自己后悔不已的事情来。所以，经常发火对人对己都是不利的。因此，青少年应该采取一些积极有效的措施来控制自己冲动的情绪。

有关专家说“冲动的行为对于他们来说总是有特殊的意义，”青少年时期是迈向成熟的过渡时期，他们的情绪和感情都极不稳定。有些青年学生不善于控制情绪，因而深受其害。比如，有时因不值得一提的小事而极度悲伤或大发脾气，有时因为成绩不理想而沮丧。还有的青少年常常被悲观、忧郁、孤独、紧张等不良情绪所困扰，导致对学习缺乏主动性和自觉性；甚至有的青少年因为成绩不好或学习压力重，就跳楼自杀。由此可见，冲动是件可怕的事情。

他刚上初中时，学习成绩差，逃学、打群架，老师特别讨厌他，他也不爱上学。后来老师让他转学，学校只要一听说他是个差生而且还有暴力倾向，就不敢接收。年华正茂的他特别高兴，心想再也不用上学了！之后，他就每天去上网，上网没钱了，就找正在上网的人要钱，不给就掏出匕首硬抢。他说第一次抢劫被抓进派出所，是妈妈把他保出去的。保出去更没学校要他，他就去网吧找从前的伙伴，继续上网，继续抢钱！

从这个例子中可以看到，青少年暴力倾向越来越严重，这主要是来自于心理上的压抑、多疑、固执等多方面原因造成的。此外，还易受到网络暴力游戏、暴力电视等方面的影响。

青少年正处在身心发育的巨变期，此期情绪变化大，控制能力差，没有明辨是非的能力。心理学家研究表明，青少年的攻击行为具有持续性，6～10岁的攻击行为可以预示10～14岁时的表现，甚至8岁的攻击行为，可以预示到30岁的攻击行为。也就是说，青少年一旦出现这样的不良行为，如果没有很好的教育和干预措施，将会影响青少年一生的生活。

冷静对待，避免冲动带来的暴力行为

在遇到冲突和不顺心的事时，最好不要去逃避问题，要学会掌握一些处理矛盾的方法。你可以考虑一下事情的前因后果，弄明白发生冲突的原因，双方分歧的关键在哪；然后，进行冷静的分析并找出一个切实可行的方法。例如：当你被别人无聊地讽刺或嘲笑时，如果你顿显暴怒，反唇相讥，就会引起双方的强烈争执，最终可能会出现无法弥补的后果。此时，如果你冷静下来，采取一些有效的对策，如用沉默来抵挡抗议或者指责对方无聊，这样就会有效地抵御或避免冲动的情绪发生。

某中学初二学生小可，今年16岁，他在家中是独生子，长这么大以来他一直是家长眼中的乖孩子。最近，小可突然发现自己变得脾气暴躁起来，有时因冲动还与其他同学吵架，事后仔细想想都是鸡毛蒜皮的小事，根本就不必要小题大做。在家里他也经常与父母怄气，有时父母批评他几句，他就暴跳如雷、大动肝火，把父母气得直跺脚，但是也无可奈何。小可为自己的脾气感到很苦恼，他知道自己不对，可是事情一旦发生了，他又控制不住自己的情绪，过后又十分后悔。

有一天，同桌借了小可的一支钢笔，但是因不小心把笔弄坏了，小可很生气，虽然同桌诚恳地向他道歉了，但是小可还是当众把同桌骂了一顿，这一举动严重影响了他们之间的友谊，而且，小可的形象在其他同学眼中也大受损伤。小可为此事内疚了好久，他真的搞不懂自己现在怎么那么的冲动。

上面例中的小可就是因为情绪冲动，一而再再而三地犯错，最终犯下不可弥补的过错。那么，爱冲动的青少年应采取一些积极有效的方法来控制自己冲动的情绪。

(1)理智地控制自己的情绪

用理智和意志来控制情绪，表面上是对自己自由的约束，其实，这种约束却能使你获得更多的自由。青少年在遇到强烈的情绪刺激时，要强迫自己冷静下来，并快速分析事情的前因后果，然后，采取消除冲动情绪的“缓兵之计”，用理智战胜情绪上的困扰，正确评价自己，这不仅看到了自己的优势，也看到了自己的不足；进而使自己远离冲动、鲁莽的局面。因此，在某种意义上，青少年如果能够理智地控制自己的情绪也意味着主宰了自己的命运。

(2)用暗示、转移注意法

如果青少年遇到了使自己生气的事，一般都触动了自己的自尊和利益，此时是很难冷静下来的，所以，如果你发现自己的情绪非常激动、难以控制时，可以采取暗示或转移注意力的方法来做自我放松，并鼓励自己克制冲动的情绪。坚信冲动并不能解决问题，要锻炼自制力，学会用转移注意力或暗示的方法来处理问题。

(3)多参加户外运动

心理学家研究表明，运动是有效解决愤怒的方法，特别是户外活动。青少年时期正是年轻力壮的时候，要主动参加一些消耗体力的户外运动，例如：登山、游泳、跑步或拳击等，使那些不良的情绪得以宣泄。如果你觉得自己的情绪无法控制时，可以主动做一些户外运动，让冲动的情绪随着运动一起消失。

4.善于自我反省，克服偏激

青少年的偏激心理，已经引起家庭、学校、社会的重视。目前，随着人们心理健康知识的增加和心理健康意识的提升，越来越多的“心理问题”成了人们关注的焦点。而偏激心理就是其中之一。

偏激是指人的意见、主张等过火,这种心理多存在于青少年中。性格和情绪上的偏激,是做人处世的一个不可小觑的缺陷。性格和情绪上的偏激是一种心理疾病。它的产生源于知识上的极端贫乏,见识上的孤陋寡闻,社交上的自我封闭,思维上的主观唯心主义,等等。

分析青少年偏激心理的成因

在日常生活中,有些青少年整天休闲自得、快快乐乐,从不知道愁是什么滋味;而有的青少年则经常无精打采,心生自卑总是看不起自己,因此,内心感到孤独和压抑,不愿与别人交往,整天把自己封闭起来。这些不良的情绪严重地影响了青少年的日常生活和学习,使他们的能力不能得到全面的发展。

而偏激一般表现为认识上的片面、情绪上的冲动以及行为上的莽撞。具有偏激心理的青少年对待问题总是固执己见,爱钻牛角尖,整天怨天尤人,按照自己的标准来评判任何事情,什么错误都推给别人,无理也要争三分,易受他人的暗示和引诱,常常是不分是非,不顾后果,因此朋友特别少。

小东是一个十分偏激的男孩,一说什么事情,常常采取两极的思维方式,要么什么都好;要么什么都不好。比如,他对某个歌星有好感,就认为这个歌星一切都好,明明知道这个歌星有缺点也不愿承认,反而为其护短。如果对某人厌恶,就认为他一切都不好,甚至会把无中生有的缺点,强加到他的头上。一次,父母偶然对他所谓的偶像说了几句不满意的话,这下他可急了,大喊大叫地反驳父母。还有,他考试考砸了,便认为自己脑子太笨,不是读书的料,一副灰心丧气、一蹶不振的样子。有时父母批评他,他也认为父母唠叨、压制他、没有自由。

小东的偏激心理主要是由于心理上发育不平衡造成的。这不仅影响了自己,有时还伤害到周围的人。

青少年正值青春期,开始对自然世界、社会生活、人际交往等问题进行思考,并形成了一些自己的看法。由于青少年思维发展水平的局限,加之你们的新陈代谢旺盛,内分泌功能迅速发展,大脑皮质的兴奋程度常常迅速地增强或减弱,情绪容易波动不安,出现偏激认识和冲动行为。再者,在身体发育的时候,他们容易惊慌、恐惧、不知所措,尤其是第二特征的出现,让很多人自己觉得身体已经是个大人，可是心态还停留在青少年的层次，对问题考虑得不周到、不深刻，语言表达不够完整，喜欢用肢体语言来表达感觉，所以，那个时候他们的反应是急风暴雨似的，容易惹祸，爱做比较偏激的事情。

学会自我反省，克服偏激心理

综观现代青少年，大多年少轻狂，做事鲁莽，不计后果，往往造成一些令人困扰的或是后悔的事。“三思则后省”告诉广大青少年的道理是：做事前要学会三思而行，做事后要学会反省、反思，从中吸取教训。在做事之前学会三思，才不至于给自己留下遗憾，给自己带来后悔的痛苦，也就不用承受心灵上巨大的煎熬；学会反省，则可以帮助思考。对于青少年来讲，事后的反思有助于认识自己的不当行为，可以使你学会理解，学会合作，学会关心，学会感恩等优良品质，从而使自己的身心素质得到提升，在成长中发挥令人意想不到的作用。

小九出生于一个贫困的家庭，但是父母和姐姐们都非常疼爱他，当他是宝，什么事情都依着他。由于家庭的贫困，父母让他的姐姐休了学，外出打工挣钱，供他上学。而他确实非常争气，学习很好。每次姐姐外出回家，都会带好多东西，有的是给父母的，有的是给他的，但不管是父母的，还是他的，他都要先拿到自己的房间放上一段时间，能用的，他尽量用，不能用的放几天再还给父母，或者干脆毁掉。为此，姐姐常常说他，而他的父母却表示没事，只要他好好学习，有出息就行了。而他仗着父母的宠爱，不把姐姐的话听在心里。有次，她的姐姐帮父母买了一些补品，而他非要吃，姐姐终于又忍不住说了他，而他竟然说：“你管得着吗，你以为你是谁啊，敢管我，你不就是挣了点钱吗，有什么了不起的。”

小九由于受父母的溺爱，形成了过于偏激的心理。若不及时纠正或治疗，将影响他以后的成长道路。随着青少年的不断成长，接触外界，接触社会的机会也日益增多，问题也会接踵而来。因此，大家要学会时刻反思自己的为人处世及所作所为，反思自己的态度和心情。这样才可以理性地认识自己，对事物有清晰的判断；也可以提醒自己改正过失。只有全面地反省，才能不断完善自己，不断地向成功、理想的彼岸驶进！

青少年有许多美好的愿望。在他们的面前有许多增长自身能力的机会。然而，他们在享受稳定、幸福的生活时，总觉得郁闷、无趣、无精打采，在这种情况下，如果能主动地、经常地自我反省，全面地考虑问题，就能克服偏激的心理。

5.学会转移不良情绪

人最基本的情绪就是喜、怒、哀、惧，这些情绪的表现对每个人的认识、意志和个性都有非常重要的影响。所以，好的情绪可以使人乐观向上、处事果断，而且还具有丰富的创造性和灵感。然而，那些不良的情绪就会使人们产生疲劳和烦闷，对身心的健康成长极不利。所以，当青少年心情不好的时候，要学会用其他的方式来转移不良的情绪。

运动起来，让心情好起来

从心理学上讲，当一个人的心情处于失落或悲伤等不好的状态时，容易引起情绪上的变化，这时候要学会情绪转移。这是人们常用的一种心理防卫机制。心理学认为，在发生情绪反应时，大脑中有一个较强的兴奋灶，此时，如果另外建立一个或几个新的兴奋灶，便可抵消或冲淡原来的优势中心。因此，当你由于过度的脑力劳动而引起情绪烦躁紧张时，有意识地做点别的事情来分散注意力，可以使神经过程达到平衡缓和，使情绪得到缓解。如听音乐、散步、打球、看电影、骑自行车等正当而有意义的活动，都可以使紧张烦躁的情绪松弛下来。

小明是一名初二的学生，本来他的学习成绩很好，可最近他的成绩却直线下滑。经过了解，原来是小明周围的同学都迷上了上网打游戏，渐渐地他也成了网吧里的常客，成绩自然也就耽误了。幸好老师和家长都及早地发现了这个问题，并对他进行劝说，小明也认识到了自己的错误，他决定把精力都用到学习上。不过，网络的诱惑力实在太大了，这使小明总是“人在书本旁，心在网吧里”，他也明白这样做是不对的。为了强迫自己不去想网络游戏，小明就采用了情绪转移法，每当他忍耐不住想要上网的时候，他就采取一些措施转移自己对于网络的渴望，比如少吃一些东西，看一会儿课外书，或看一会儿电视等等。慢慢地，网络对于他已经没有什么吸引力了，成绩也提上去了。

从例子中可以看出，用运动来转移不良的情绪，是青少年进行自我情绪调节的最佳方式之一。古语说“心静自然凉”，所以青少年的心理调节、心理暗示，在心情烦躁的情况下尤其重要。在感到心烦意乱的时候，不妨想想一池清水、一片绿林、一片蓝天等各种让人凉快的事物，平静一下心情。同时，也应该及时调整各方面的活动，其实通风也是调节心情的好办法，可以迅速散去人体周围的热气，让人心里凉快。

心理学上，用运动来转移不良情绪的方法，通常采用的是放松训练法，是指通过循序交替收缩、放松自己骨骼肌群，细心体验每个肌肉的松紧程度，最终达到缓解个体紧张与焦虑状态的一种自我训练方式。整个放松训练遵循由下而上的原则，具体步骤为：脚趾肌肉放松→小腿骨肉放松→臀部肌肉放松→腹部肌肉放松→胸部肌肉放松→背部肌肉放松→肩部肌肉放松→颈部肌肉放松→头部肌肉放松。

放松训练刚开始时最好每天两次，每次 30 分钟左右，最好配合一些舒缓的音乐。随着练习的熟练化，每次时间可减为 20 分钟或更短一些，每天两次也可减为每天一次。时间一般安排在午饭后一小时或晚间睡觉之前。

多会几招情绪转移法

由于青少年的情绪拨动很大，而且受来到自于多方面的压力，心情易时好时坏。在这里，教大家几招情绪转移法：

(1)愉快记忆法

回忆过去经历中碰到的高兴事，或成功时的愉快体验，特别回忆与眼前不愉快体验相关的愉快体验。

(2)换个新发型

一个人情绪的好坏，似乎与理发扯不上任何关系，其实不然。据新华网报道，意大利心理学家莱森斯建议人们在情绪欠佳时，不妨去理理发，这样可调节心理的不平衡。

研究人员发现，从美发厅出来的女性，不仅看起来漂亮，而且情绪也明显变好。另外，通过将电极接到女性身上的实验观察到，在洗头、梳理并吹干的过程中，她们的精神变得愉快，同时，心律变缓，血压下降。莱森斯还认为，一个人在情绪变坏时，若能改变一下发型，就可以抑制坏情绪的早期发作及干扰引起抑郁症激素的产生。

(3)自我暗示法

所谓积极的自我暗示,也就是用积极的思想、语言不断提示自己,克服悲观、沮丧和恐惧心情,使人精神振奋。通过心理暗示的作用,就可以把树立成功心理、发展积极心态这个总原则变成可以具体操作的方式和手段了。因此,自我暗示法是指用言语对自己进行心理治疗。目的是调整控制自己的情绪、情感、爱好等。通俗地说,是进行自我教育、自我说服。当自己遇到困难感到心里极其不舒服时,可以自言自语:"没关系的,我能行的。"、"相信自己,我一定能够过关的"反复几次,就会心平气和,心就能获得宁静。

(4)幽默化解法

幽默是最好的情绪防弹衣,也是永不生锈的情绪发动机。拥有良好幽默能力的人,就有办法彻底发挥情绪效能。培养幽默感,用寓意深长的语言、表情或动作,用讽刺的手法,机智、巧妙地表达自己的情绪。

(5)代偿转移术

青少年当需求受阻或者遭到挫折时,可以用满足另一种需要来代偿。这一门课没考好,可争取在另一门课上取得好的成绩,也可以通过分散注意力,改变环境来转移情绪的指向。

6.学会放松紧绷的神经

人不是永动机,需要有休息的时间给身体补充能量,更何况是青少年呢?如果经常超负荷工作,身体的某些机能就会产生抵触情绪,轻者休息几天就好,重者就需要进医院去"修理"。因此,为了保证自身的机器能匀速的运转,就必须学会放松。

青少年处于身心发育由未成熟到成熟的关键时期,同时也处于心理成长过程的"断乳期",而日益加深的知识体系也对他们造成一定压力。这不仅对青少年的身体健康有很大的影响,心理健康也会受到严重的损害。因此,学会放松,松弛紧绷的神经是很有必要的。

紧张带来的紧绷状态

紧张是人体在精神及肉体两方面对外界事物反应的加强。紧张的程度常与生活变化的大小成比例。紧张使人睡眠不安,思考力及注意力不能集中,头痛,心悸,腹背疼痛,疲累。紧张其实每个人都有,只是程度不同而已。普通的紧张都是暂时性的。突发性的紧张是一种恐惧感。

很多青少年在考试的时候,在课堂上回答问题的时候,在与陌生人接触的时候,在公众场合做自我介绍的时候,都会产生紧张心理,而使自己出丑。

王女士对心理医生说:“我的孩子小彬今年读高三,他高一高二的成绩一直在班里处于中上水平。高三上学期开始,他很听话,为了高考,他几乎不做任何课外活动,整天学习。但是,最近二模成绩下来了,他却考得不理想,心情很沮丧。还有一个多月就要高考了,我们夫妻俩怕他紧张,所以经常对他说不用紧张,正常发挥就好了,可是他还是很紧张。”

例子中出现的紧张现象,是由压力造成的。这也是产生紧张心理的一个原因。通常而言,对于性格内向的人来说,只要见到陌生人,心里便会感到紧张,其实这是一种正常的心理反应。

青少年对于这种紧张心理,要正常心对待。从心理学上讲,这是一种正常现象,每个人的情绪都有高潮期和低潮期,心里难过、紧张可能是因为一些令你感到悲伤或者尴尬的事情引起的,但又一时想不起来具体是什么事情。如果人遇到人生中的什么大事时,心理也会感到紧张。

其次,还有由害羞引起的紧张。

害羞作为一种性格特征,是许多青少年的通病,容易害羞的青少年在社交活动中,特别是与陌生人或异性交往时,常不自主地产生紧张、脸红、心慌、拘束甚至尴尬的感觉。紧张在医学界的定义是:在自上而下的压力下表现出来的不安全感。

最主要的原因是来自于学习上的压力。

在这巨大的就业压力下,许多父母渴望增强独生子女在今后生活中求职和获得社会升迁的竞争力,不断强化子女追求高学历的观念,从而不断从精神上对他施加压力,从学业上给他加重负担。所以,在考试的时候,他们总会出现紧张心理,整个神经处于紧绷状态,最后把会的知识也忘记了。

学会松弛你的神经

青少年学会放松,首先就要正确估计自己,树立自信心。在日常学习和生活中应多考虑我要怎么做,要如何进取;在各种社交场合,应顺其自然地表现自己,不要总考虑别人怎么来看待。重要的是,自己要正确看待自己。

青少年应客观地认识自己和评价自己的能力，把握好自己的方位和坐标，看准机遇，发挥自己的作用，并不断在快节奏中提高自己的心理承受能力，在各种事件中基本保持心理平衡。尤其是在学习中不要过分注意自己的弱点，多想自己的长处。

许某生长在一个中等家庭，是独生女。爸爸在十年前左右为了经商离家到远地，忽然断了音信，不知下落。家里留下母亲与她两个人，靠母亲工作，维持家计。当她高中毕业以后，由于人长得漂亮，经人介绍到某个公司做事，平常她谈吐很清楚，但是只要一见主管就会不由自主的紧张起来，而且手也抖得很厉害。

青少年正处于“心理断乳”期，对周围的事物存有依赖性，不敢独立去接触一些人或事物。其实，只要大家对面临的事物有充分的思想准备和了解，对自己有正确的估计，保持精神松弛，保持良好的身体状态，以及保持稳定的情绪，就可以克服紧张心理，以使自己处于最佳的临场状态。

面对这种紧张心理，青少年应怎样来放松自己，松弛自己紧绷的神经呢？

正视现实。青少年在生活和学习当中，总会遇到这样或那样不如意的事情，但是不要逃避，要想战胜那些不如意的事情的骚扰就要正视它。如：自己长得不够漂亮，学习不够好，家里没有别人有钱等。其实，你越想这些，只会让自己更生气，何不面对现实，接受自己的缺点，用自己坚强的意志来改变或者是弥补自己的不足。

合理宣泄。面对压力或产生挫折时，心中就会积压很多消极情绪，如果消极情绪积蓄过多，得不到适当的宣泄，容易造成身心疾病，造成更大的压力。因此，采取合理宣泄的方式将其释放出去，是一种自我保健的有效措施。这就像水库里的水，如果太多就有冲垮堤坝的危险，此时为了保证大坝的安全就要通过泄洪道把多余的水释放出去一样。

学会放弃，轻装上阵。人生当中有很多目标，当一些目标实在无法实现时，就要懂得放弃。人生的历程就是不断做出选择的过程，选择就要有所取舍，选择与放弃其实是同时并存的。当你发现某目标实现的概率很小的时候，就应该毫不犹豫地放弃，有舍才有得。

7.走出抑郁心理,磨炼自我

抑郁症是长时间的心情低落状态,多半是因为焦虑、身体不舒服和睡眠不足等障碍造成的,这种现象具有较强的隐蔽性。这是最常见,同样也是最不容易识别的心理障碍。它主要表现是绝望、悲观、烦躁、不良的饮食习惯、失眠、兴趣减少或注意力分散等。

据调查研究显示:青少年的患病率直线上升。其中有1/5的青少年都有情绪障碍,大多以抑郁为主。有关资料明确显示,青少年时期的抑郁患病率是0.4%~8.3%,而且,男女生之间的比例为1∶2。其发病率的原因是由遗传因素、青春期的生理变化、认知能力及社会文化因素有关。

找出产生抑郁心理的原因

抑郁症是一种常见的心理疾病,有人称之为“心灵的感冒”。现代医学认为是大脑生物胺(如5-HT)不足,导致患者整个心理功能都处于抑制状态,而非单纯的情绪低落。学习是学生的主要生活内容,涉及认知、情感、意志行为、个性等,抑郁症常导致学生学习困难、注意力和记忆力下降、厌学、拒学等学习障碍。

小申有点内向,总觉得自己什么都不行,事情做不好,是别人的麻烦,觉得自己很笨,书读得不好,觉得自己对不起父母,喜欢的人不能对其表达,经常因为一句话一点小事就不开心,没有信心,自卑感太严重,觉得别人不关心他,甚至有了自杀的想法,并且已经下决心如果在一个已定时间内没做到自己想要达到的目标就死。

心理学上讲到,当一个人得了抑郁症,常表现为情绪低落、精神压抑、郁闷或沮丧、整日愁眉苦脸、易于哭泣,即使遇到各种娱乐或令人高兴的事情,这个人照样高兴不起来。可伴有自卑、自责但达不到严重的内疚或自责程度,病人感到精力疲惫,脑力迟钝、进行性活动吃力,但无明显精神运动性抑郁。把正常的生理状态当成病态,每天大部分精力用在想“病”的严重性上,严重时还会有自残、自杀的行为。

通常情况下,产生抑郁心理的原因有下面几个方面:

长期的情绪忧郁或低落。有些青少年遭受挫折或失败时,不能从困难中崛起而长时间的情绪抑郁或低落持续在二周以上，这些不良反应都是青少年时期抑郁心境的重要表现。

前途渺茫。有些青少年面对一帆风顺达到的目标和理想，而没有欢快的心情，反而感到忧伤和痛苦。例如：有些青少年为考上名牌大学而愁眉苦脸等。

缺乏精力。有些青少年因为缺乏精力，而导致青少年的认知能力或感知能力减退，使他们在学习、生活及社交中的效率明显下降。

不正常的心理暗示。如有些青少年一到学校或教室就会感觉头晕、恶心、四肢无力等，只要离开这个特定的环境，一切就会正常。这种表现都是潜意识的不良心理。

不能表达内心的情感。有些青少年在高兴、欢乐、悲哀、愤怒及恐惧认识上，不能正常地向别人表达心中的愉快和不满，尤其是不能用表情表达出来。这种行为就是情感或情绪的表达障碍。

战胜抑郁，拥抱蓝天

情绪抑郁的主要表现是：情绪低落，思维迟缓，郁郁寡欢，闷闷不乐，兴趣丧失，缺乏活力，反应迟钝，干什么都打不起精神，不愿参加社交，故意回避熟人，对生活缺乏信心，体验不到生活的快乐，并伴有食欲减退、失眠等。可见，抑郁心理严重地影响了青少年的健康成长。

小花的性格很内向，处处都觉得自己不行，还总害怕给别人招来麻烦。由于她性格上的关系，学习成绩也是不好，父母还经常唠叨她。每当和别人说话的时候，她总会为一点小事或一句话感到不开心。有一次，学校举行期中考试，她因为考试不及格被老师、父母批了一顿，心里一直很受压抑，甚至都有自杀的念头。

可是，后来，她发生了很大的变化。当她发现自己有了抑郁症的征兆后，开始改变自己，多结交朋友，经常和朋友保持联系。之后，她的精神状态远比喜欢孤僻的人好得多，因为一个人生活如果在集体中，就感到集体的力量，这样不仅可以增强自信心，还能减轻情绪上抑郁。

小花通过多交朋友矫正自己的抑郁心理，这是正确的做法。产生抑郁心理，将会严重地影响青少年的健康成长。那么，有抑郁心理的青少年应如何来克服呢？

(1)保持友善的心态、学会自我安慰。

拥有一个快乐的心态能使人神经系统的兴奋水平到达最佳状态。所以,有抑郁心理的青少年在遇到不愉快的事情时,要多往好的方面想想,用一个乐观的心态去面对一切,保持豁达、乐观的情怀。不要好高骛远,勇敢地面对现实。

(2)积极参加运动

体育活动能够使生活丰富多彩,清除心理紧张,陶冶情操,开阔心胸。所以,有抑郁心理的青少年每天应适当地做些力所能及的运动,比如慢跑、散步、踢毽、体操等,这些都有助于排解阴霾的心情。所以,适当的体育运动不仅有助于青少年的身体健康,而且还会使情绪乐观、稳定。

(3)吃一些对抗抑郁的食物

如:深水鱼、葡萄柚、菠菜、樱桃、全麦面包等等。

(4)享受美妙的音乐

当你心情烦闷时,听些自己喜欢的音乐和歌曲,在优美的音乐旋律中不仅能帮你减轻疲劳,还能给你带来不可思议的美妙感受。

(5)理智的控制自己的情绪

有抑郁心理的青少年要学会容忍和包容,并磨炼自己坚强的意志力。因此,你可以通过自己的意志力来消除心中不愉快的情绪,并保持一个乐观向上的积极情绪。改变认知,完善自身的人格,增强面对困难和挫折的能力与自信。只有这样,才能达到根治的目的。

8.赶走压抑,释放心中的苦闷

压抑是现代人所面临的共同困境。它是指一个人受到挫折后不能接受,把这些不愉快的排斥到意识之外,压抑到潜意识之内,推迟而满足需要的状态。像是当我们陶醉在童年故事中时,很想开怀大笑但却因某种原因而又不敢在现实生活中放声大笑的情形,就是在压抑自己的情绪。

压抑心理是一种较为普遍的病态社会心理现象。它存在于社会各年龄阶段的人群中,它与个体的挫折、失意有关,继而产生自卑、沮丧、自我封闭、焦虑、孤僻等病态心理与行为。精神压抑使人感到心理上的压力,可能导致个体人格畸变,影响人际关系的发展。

分析产生压抑心理的原因

压抑是指个人受到挫折后,不是将变化的思想、情感释放出来,而是将其压制在心头,不愿承认烦恼的存在。压抑能起到暂时减轻焦虑的作用,但不是使焦虑完全消失,而是变成一种潜意识,从而使人的心态和行为变得消极和古怪起来。

小珍出生后患有小儿麻痹症,父母为了治小珍的病花了很多的钱,带着她到上海等地治病,一共做了5次大手术。但她的左腿还是有些不灵便,因身有残疾,小珍非常自闭,不太与人交往。其父每天接送她上下学。高考时,小珍考上了外地的一所大学,父母考虑到珍珍行动不方便,不同意她到外地去上学,想让她在本地的学校上学,好就近照顾她。长期心理压抑的珍珍对父母的建议不满, 加之一些其他原因, 竟残忍地割掉自己的双乳以表示抗议。

小珍由于身体上的残缺,心理上产生压抑而出现一些古怪行为,这主要是因为心理上没有得到及时的矫正。其实,每个人的容貌和生理缺陷是无法改变的, 而且这些缺点还可能引起他人的讥讽和嘲笑。在他人的消极评价中,青少年极易产生自卑感、自我否定感。有些人可能加倍努力,化压力为动力,有些则可能感到压抑和痛苦,变得自我封闭或自暴自弃。

另外,压力心理产生的,还有下面几个方面的原因:

(1)学习与生活上的压力

青少年时期最重要的就是学习,如果取得预想的成绩,就有一定的成就感;若超出自己能力所不能承受的,就可能感到痛苦与压抑。如有的学生面对繁重的学习负担、成绩下降,就会感到压抑消沉。

(2)紧张的人际关系

青少年具有合群性,希望自己能被他人接纳。亲密的人际关系能增强人的自信心,满足人的社交需求;而紧张的人际关系使人的精神与社会需求不能得到满足,个人的志向处处受挫,或"怀才不遇",或遭人冷遇,自然会产生孤独无援的感觉。结果可能导致个体采取回避现实的行为。

(3)某些性格更可能产生压抑感

性格是人对客观事物的态度和行为模式,一般而言,外向性格的人遇事往往用情感将它表现出来;内向性格的人则常常把感情压抑在内心,转化为消极的情绪。

赶走压抑，释放心中的苦闷

压抑的心理一般来源于外部环境，也有可能是来自自身的原因。在生活中，青少年要学会适当地控制自己的情绪，但不要压抑自己的情绪。因为，每个人的情绪是不会自然消失的，如果你强行的压抑情绪会让你的心灵深处受到创伤。这种创伤可能会使你颓废，甚至还有厌世的心理，从而对生活失去信心。

小文的父母一直认为“读清华、北大才是正道！”在学习上父母对她要求极为苛刻，而在生活上父母对小文却是非常溺爱。2000 年，小文以优异的成绩考入了哈尔滨市某重点高中，此时，她才猛然发现身边“高手如云”。由于对新环境的不适，她的学习成绩突然变得忽高忽低很不稳定。恰巧此时，班上有两名同学因为爱好美术而转去了艺术特长班。其中一位就是小文的同学小萌，也是她唯一的朋友。“一起考美院吧！”在小萌的鼓动下小文的心动了。她想，自己从小就喜欢画画，还在学校里得过几回小奖，天赋和基础都比小萌强，再说，将来参加高考的时候，艺术考生要求的分数要比其他专业低得多！但当她高兴地将自己的想法告诉母亲时，母亲马上回绝了她……此后，小文的成绩越来越差，眼神越来越忧郁。2003 年高考，小文考了班级里的倒数第三名，无缘大学勉强可以上中专。

过分的压抑心理，将会影响青少年的成长，甚至以后的人生。所以，要学会释放心中的苦闷，赶走心理上的压抑。

(1)正确看待自己

遇到挫折，应先从自己的主观方面去寻找原因。“勤能补拙”，用自己的勤奋去弥补不足之处；坚信“人无完人”，每个人都有长短处，只要积极有为，长善救失，“天生我材必有用”；要停止自我比较，不要担心不如别人，要接受自己，确立一种自强、自信、自立的心态。

(2)让自己尽情地享受大自然的美好

当你精神压抑时，可漫步于田间地头，跋涉于山水之间，看春华秋实，听蝉鸣鸟啼，置身于大自然的怀抱，因此产生许多联想与灵感，从而来消解压抑的心理。

(3)多交朋友

具有压抑心理的青少年可以说放弃了自己的爱好，很少和朋友在一起，这种做法只会使事情更糟。为了扭转你目前的心情，不妨每天做些激烈的活动，多参加社交活动，多交一些朋友，向朋友倾诉自己的压抑，从而建立起和谐的人际关系，这比逃避朋友，或者把自己的压抑发泄在朋友身上，造成人际关系危急要好得多。

(40 注意激发兴趣

有压抑心理的学生总是没精打采，对什么都引不起兴趣，精神空虚，情绪低沉，作为老师，要针对每个学生的特点和长处，组织讨论创造条件激发他们的某种兴趣与爱好，让每个人都有发表意见的机会。当青少年兴奋时就能战胜烦恼、抑郁等消极情绪。

(5)注意保护个性

每个青少年都有自己的个性，在非原则问题上，对个性不应有所指责。由于个性差异带来的生活方式、兴趣爱好都不一样，这种丰富多彩、五花八门的生活内容，只要基本符合美观、大方、正派，就不要过于苛求，这对造成轻松愉快的生活气氛，是大为有益的。

第五章 克服交往障碍,提升人气的指数

学会交往,快乐成长!良好的社交心理,能够有效地为自己建立人缘,提高自己的人气指数!

为什么没有同学愿意和"我"交往?为什么"我"上台就脸红?为什么"我"老是猜疑他人?有时连自己都不知道这么做到底是为了什么。青少年感情非常浓厚,自己是否被别人喜欢,是否被朋友接纳,对他们来说非常重要。然而,对于同学或朋友的言语接纳很敏感,任性,自尊心、好奇心特别强,爱嫉妒他人等又是处于青春期的少年交往过程中存在的普遍问题。

1.丢掉面子,慷慨接纳他人的评价

现在的青少年都很注重面子,为了维持自己的面子,过分去注意他人的评价,对于一些不好的评价,心里就会产生憎恨之意。青少年在不断地走向成熟,在不断地发展,大家都有一种自我认同、角色认同的心理。常言说得好:"人有脸,树有皮",可见人人都有"爱面子"的心理。面子就是自尊,是自我保护的铠甲,维持适当的自尊是必要的,但凡事都有个度,过分地要面子,会交不到朋友的。

青少年爱面子的心理剖析

"面子"对于每个人来说都很熟悉。这是一种由结果判断成因的举动。即人们在无法得知某人的才华能力或权力地位的时候,就由观察其是否能博得面子来判断其为人。有面子的人,被看做能人,以致很多人爱面子喜欢到不能自拔。

青少年时期,大家的自尊心很强,又都很爱面子,尤其注重别人对自己的看法。

张某是一家职业高中的学生,他与自己的同学和其他专业的学生发生

冲突。打架获胜后，他们在学校附近的饭馆摆下“庆功宴”。酒喝到一半，张某外出时看见自己青梅竹马的朋友小赵。于是，便叫上他一起吃饭。当张某在酒桌上炫耀自己打架获胜的事情时，小赵听了之后说：“你这个人怎么这样啊，我不是和你说过了吗，不要打他们，他们帮过我。你为什么不听，就为了你那可笑的面子吗？你知道别人为什么都不喜欢你，不愿意和你做朋友吗？我来告诉你，那是因为你太爱面子。你为了面子可以出卖朋友，别人不知道学校丢钱的那件事到底是谁干的，但我知道。”小赵说完转身就走了。“你给我站住，就连你也要走。为什么所有的人都这样，我不就是爱面子了点吗？”

现在社会上的“面子”风气越来越严重，青少年所受影响极大。上面的例子，是青少年典型的爱面子事例。心理学家分析，如果青少年从小就生活在一个比较爱面子的家庭里，那么时间长了，自己也会慢慢养成爱面子的习惯。再者，有些青少年过分注意他人的评价，为了兑现自己的承诺，得到别人的尊重，去做一些自己做不到的事情，这就是大家常说的“死要面子活受罪”。

青少年的自尊心是很强的，对于面子的问题，往往受到维持自己自尊心的驱使。尤其是在父母当着众多人说自己的时候，自己的面子无处放。如“我们家孩子特别不听话！”“你看我这女儿，看见吃的就没命吃，长大了会胖成什么样啊，估计都没人要了。”“就没有像我家小强这样不懂事的孩子！”……这样的环境最易使青少年去过分关注他人的评价，最后导致自己身边没有朋友。

丢掉面子，微笑接纳他人的评价

其实，爱面子是一种正常而健康的心理状态，它意味着青少年对自我意识和自尊心的维护，而这两点对于一个健全的人格来说都是非常重要的，它使人能够自爱，从而才能够自强、自立，成为一个对于家庭和社会有用的人才。但是，青少年应正确看待面子，在爱惜面子的同时也要微笑接纳他人的评价，来改善自己的不足。

小刚是某中学的初一学生，由于个子矮皮肤又黑，同学们常叫他“非洲小黑人”。可他从没有介意过，每次同学们这样叫他，他总是微笑面对，他认为同学们这样叫他，听起来很亲切。因此，他的人缘很好，身边总是围绕着很多同学。

然而，同班同学小亮就不一样，由于他掉头发，前面有一部分秃顶了，因此同学们总是喊他“小秃顶”。他总觉得很丢自己的面子，每次同学们叫他，他都是怒气冲冲，甚至还有一次，还为此和同学打了一架。

从例子中可以看出，不同的心理态度有着不同的结果。所以，青少年应遇事冷静，学会分析。当别人在议论自己时，当时肯定会有恼怒感，这很正常，但在恼怒之余，不妨分析这种议论有没有道理。如果有道理，就要虚心接受；如果纯属无稽之谈，可以不去理会，只要自己做得对就问心无愧。

在日常生活中，有很多我们不想去做的事，如与陌生人接触，请求别人帮忙等，这些我们本不愿去做，但不做又不行，这时可运用行为训练法：在面对对方之前，可以进行模拟对话和表达训练，以至于到时能够很好地面对对方。还有，凡事学会忍。不要在小事上纠缠面子问题，所谓“士可辱，不可杀”，忍不了一时，将会做出自己都无法预料的事情来。

他人的评价，也许是出于好意，并没有其他意思，只是自己心理在作祟，在多想。其实，爱面子，有一部分原因也来自于周围的社会风气，有句话说“宁可自己吃大亏，吃闷亏也要在面子上过得去”，这样似乎就使自己在周围的人中有尊严，被人看得起，有“面子”！这是一种错误的想法，不仅如此，以牺牲原则而得到的面子必然会使社会凭空具有了一种“虚伪”，不仅危害人与人之间的相互信任，而且也必将影响社会的发展和进步。

因此，青少年放下面子问题，微笑接纳他人的评价，好好反省自己，改善自己。

2.多疑心理，交往中的绊脚石

青少年的多疑心态，往往通过“想象”把生活中发生的无关事件凑合在一起，或者无中生有地制造出某些事件来证实自己的成见，往往别人无意的行为就能让多疑的人误解为别人对自己怀有敌意，没有足够根据就怀疑别人对自己进行欺骗、伤害、暗算、耍弄阴谋诡计，甚至把别人的善意曲解为恶意，以致与人隔阂，在人际交往中自筑鸿沟，严重时还有可能反目成仇。

多疑是指神经过敏、心中产生疑神疑鬼的消极心态。它是在主观意识上产生的一种不信任的心理。多疑的人喜欢把对事物的认识固定在一个框架中，然后把那些无关紧要的东西联结起来，并用客观原因来证实自己的推断。最后把自己推入迷惑的世界里，不能自拔。据心理学研究表明，多疑是属于偏执型的性格缺陷。多疑心理形成之后，一般是比较顽固、任性的，它是导致偏执性格障碍的主谋，所以，青少年需要警惕，不要让自己染上这种心理疾病。

寻找产生多疑心理的原因

多疑心理可以是自我怀疑，也可以是怀疑周围的人，这种不良的心理严重影响了青少年的正常生活和学习。具有多疑心态的青少年往往会固执己见，他们通过自身的“想象”把生活中无关紧要事情凑合在一起，把别人无意间的言行举止，误认为是对自己怀有敌意或迫害的心理，在没有足够的证据时就怀疑别人欺骗自己，甚至把别人的好心好意理解为阴谋诡计。于是，导致在人际交往中自筑鸿沟，最终反目成仇。

根据心理调查显示，绝大多数有多疑心理的青少年都是无端生疑，这样不仅在心理上产生更多的猜疑，而且纯粹是心理失衡的极端表现。所以，青少年应远离这种不良的心理误区，快乐、自信地面对身边的每一个人，为你们的友谊搭出平稳的桥梁。

张同学是高二的学生，因患过敏性鼻炎，不能参加学校的自习，课间操，有时甚至体育课也上不了。由于长时间的不锻炼，体质也变得越来越差，由于他平时不喜欢和同学们交流，不仅影响到了他的学习，还使他产生多疑的心理，他总认为老师和同学都对他另眼相看。其实，老师和同学都没有这个想法，由于高二的学习都忙不过来，谁还会有心思考与己无关的事呢？

单纯得多疑在成为一个人的行为习惯之前，则通常是在误会别人的情况下发生的，张同学正是典型的代表。比如有些青少年自认为在某些方面不如别人，因此，他总认为别人会看不起自己，处处算计自己。如果别人在和其他人说话时对他投来了不经意的目光，他就认为别人在说有关自己的坏话；或者有人给他开善意的玩笑，就怀疑别人对自己有成见等等。具有多疑心态的青少年常常“疑心生暗鬼”，常用主观的想象来代替客观的事实，产生一种愤恨的报复心理。

青少年产生多疑的原因：

(10 在过去的生活中经受过挫折

有些青少年曾经可能受过别人的欺骗或遭受过挫折，由于经不起沉重的打击,从而不相信任何人,对朋友也失去了应有的信任。

(2)片面的认识

有些青少年由于性格内向,不善于交往,缺乏主观意识。由于自卑心理的原因常常认为别人对自己不满,怀疑别人背后议论自己等等。

(3)与世隔绝

整天待在家里,很少和外人接触,对外面的世界感觉很陌生。因此导致害怕与别人交往,从而产生更多的不信任和戒备心理,这也是产生多疑心理的原因之一。

战胜多疑,做一个心胸开阔的人

著名哲学家培根曾说过:“猜疑之心犹如蝙蝠,它总是在黑暗中起飞。这种心情是迷陷人的,又是乱人心智的。它能使人陷入迷惘,混淆敌友,从而破坏人的事业。”在日常生活中,我们常常会碰到一些疑心重重的人。比如,对他说一句问候的话,他也再三品味“言下之意”;你无意中的一个玩笑,他就会认为你是笑里藏刀、不怀好意;看见两个人小声说话,他就猜想是在议论自己的缺点等,这些生活中的小细节常常令疑心较重的人左思右想。那种高度的警觉性和冲动的性格,令人不得不敬而远之。

其实,这些也常常发生在青少年的身上。

小于自从上大学后,开始过分注意别人的评价,对自己很不自信,不管干什么事,都持有怀疑的态度,慢慢地他便出现了多疑的毛病。有一次,他在图书馆自习时,因为争座位,与一个女同学争吵起来,最后还是那个女同学赢了“战争”。当时周围有许多同学围观。此后在班里,只要听同学说谁在图书馆出过丑,他都认为同学是在说他,总感觉那些同学看不起他,嘲笑他。其实事情过去那么久了,谁还会记得他那次在图书馆与别人争座位呢?

小于只要放开胸怀,忘记以前的事情,不要总把一些和自己无关的事情向自己身上拉,就会慢慢消除掉这种多疑心理。在这个世界上,任何人都不愿意与一个多疑的人交往,因此,对于青少年来说,有一个良好人际关系的第一步是消除多疑心理,做一个心胸开阔的人。

(1)认识多疑的危害,加强自身修养

青少年要全面认识多疑的危害及不良后果,然后果断地克服多疑心理,用宽阔的胸怀,友善的态度与别人交往,你就会得到一生中最重要的东西——友谊。

(2)用信任赢得真正的友谊

青少年要用信任的态度赶走多疑的心理，慢慢地就会走出狭隘的心理。然后用真诚的心与同学交往，抛掉偏见和不信任的态度，最终你会赢得真正的友谊。

(3)青少年要树立自信心

首先青少年要相信自己的能力，相信别人能做到的你也能做到。这样，你就会全心全意地投入到学习和生活中，多疑的心理自然而然就消失了。

(4)正确看待自己的缺点和不足

多疑的青少年常常是因为太关注自己的缺点和不足，青少年不要过于把注意力停留在自己的不足之处，你要知道这个世界上没有十全十美的人，你要做的就是扬长避短、优缺共进。

总之，青少年消除多疑心理就需要理智地思考问题、积极的自我暗示。不管在任何时候，都要用自信友善的态度与人交往，这样不仅有利于获得别人的尊敬，还会赢得别人的友谊，从而培养成开朗、豁达的性格。

3.处处善待他人，远离嫉妒

嫉妒心是指别人在某方面比自己出色，并认为别人的优势会损害自己的利益，在心里产生的忌恨与不满。这种不良情绪往往是从侧面流露出来的，这是嫉妒心理的表现特点。每个人都有嫉妒心理，只是嫉妒的程度不同而已，所以在生活中嫉妒处处存在。

具有嫉妒心理的青少年具有明显的攻击性，这种人往往看不到别人的优点、长处，而总是挑剔别人的毛病，甚至不惜颠倒黑白，弄虚作假，这对人际关系有着十分大的威胁。

嫉妒心——影响青少年交往的“一堵墙”

妒忌是一种较普遍的社会心理现象，是一种影响团结，使力量内耗、损己害人的消极心理，它在人际交往中往往起着消极的作用。表现为别人在某方面优于自己，并认为可能由此危及自己的利益而引起的忌恨与不满，这种情绪往往不是正面流露，大都是旁敲侧击；妒忌心理极欲排除别人优于自己的方面以解除心头的愤恨，从而达到心理上的平衡。

在现实的生活中，尤其不够成熟的青少年最容易产生嫉妒心理了。如别的同学家庭条件好，穿着好看的衣服，背好看的书包，比自己学习好等等。这时，嫉妒就像幽灵似的困扰着青少年的心灵，践踏其可贵的友谊。下面的例子就是最佳的证实：

小真和小陶两个人从小是好朋友，就这样一直到上高中。由于小真长得比较漂亮，性格开朗，而且学习又棒，所以班里的许多男同学都愿意和她做朋友。而小陶长相、学习也不亚于小真，只不过就是性格有点内向，所以在班里得不到和小真同样的“待遇”。像小陶这个年龄段的人，喜欢拿自己同周围人进行比较，开始注意别人对自己的评价。小陶感到委屈，心想：为什么小真能得到那么多男孩的青睐而我却不能，心里越想越气。慢慢地，她便妒忌起小真来，而且开始疏远她，决定不再和小真做朋友，而小真却不知道小陶为什么要疏远她。

其实，每位青少年都是争强好胜的，如果不给予正确引导，那嫉妒心理就会把青少年的心灵拉入地狱。在现实生活中，如果遇到别人比自己幸运，心里就会很不是滋味。如有的青少年看到别的同学比自己成绩好，其他方面的能力也比自己强，生活条件也比自己优越，受到的表扬和得到的荣誉都比自己多，就产生嫉妒和不满；嫉妒是阻碍青少年前进的拦路虎，嫉妒的人总是拿别人的优点来折磨自己。

对于能力较强的青少年来说，会因为自己经常得到肯定而形成一种“惯性”，如果有一次没受到“重视”和“关注”，就容易产生妒忌的心理。

青少年产生嫉妒心除自身的原因外，还有一点就是如果老师处理问题不公平或心理上有偏爱，对某些同学因为成绩差而有成见等等，都有可能产生矛盾，甚至会使一些学生因怨恨而产生嫉妒心理。

有嫉妒心理的青少年往往高傲自大。所以在心理上就容不下比他出色的人在。如果看到周围的人有比自己优秀的，就会想方设法去贬低对方或者设置陷阱去坑害对方。进而排除别人优于自己的方面来解除心中的愤恨，从而达到在心理上的平衡。这些不良的行为严重扭曲了青少年的心态。

多多善待他人，消除嫉妒心理

其实，现实生活中有很多问题都很复杂，青少年们难免会遇到各种各样想不通的问题，这都是在所难免的，在遇到这种情况时，嫉妒要像闪电那样瞬间即逝。否则，只会给你带来更多麻烦，百害而无一利。

小晶她学习成绩好，而受到同学马娟的妒忌。一开始，马娟把嫉妒作为一种动力，要求自己一定要不惜一切代价提高学习成绩，赶上小晶，但直到高三，马娟的成绩仍然远远落于小晶，在高考前的冲刺阶段，一直处心积虑的马娟想到了一个可以影响小晶学习成绩的办法，那就是用硫酸来帮助自己。她花6元钱买了一瓶浓硫酸带回学校，半夜时，她拿着一杯浓硫酸来到小晶的宿舍。由于宿舍门锁坏了，马娟很容易就进了宿舍，谁也不曾想马娟竟然把硫酸泼到了小晶的好朋友张静的脸上。原因是张静抢了马娟的男朋友，于是借助泼硫酸一箭双雕，既报复了张静，又达到影响小晶学习的目的。因为张静住院，小晶肯定会去医院探望，这样小晶的学习成绩就会受影响。正如马娟所期望的那样，小晶有很长一段时间在医院陪张静，成绩直线下降。马娟的计划虽得逞了，但她也为此付出了沉重的代价，因故意伤害罪，手段特别残忍，马娟一审被判处死刑。

嫉妒心理一旦扭曲到极点，将会导致犯罪。像马娟这样有嫉妒心理的青少年，应把这种心理转化成竞争的动力，并通过竞争来提高自己各方面的能力，通过自己的不断努力来超越对方，久而久之，就避免了嫉妒心产生的消极影响。

嫉妒心理并非天生就有，而是在后天的条件下逐步形成的。青春期是一个自我认定的时期。青少年正是从这个时期开始发现自己内心世界的。在此期间，青少年喜欢同周围人进行比较，开始注意对自己的评价和对别人的评价。同时，自尊心也明显增强。但由于其身心发育的不成熟，最容易犯的毛病就是自我评价过高，自尊心过强。

青少年在成长的过程中，要走出自我狭隘的小圈子，要善于取他人之长，补自己之短。在学校的学习和生活中，每个人都要在具有竞争气氛的学习生活中客观地对待自己，摆正自己的学习态度。不要把学习最优秀的同学仅仅看成是与自己有竞争关系的对手，而要看成是促使自己进步的动力。在与他人相处的时候，不要仅仅拿自己的长处和别人的短处去比较，而要注意发现别人的长处，弥补自己的短处。只有这样才会有长进，才会使学业和思想都能达到一个更高的境界。

4.拒绝吝啬，学会分享

青少年在人际交往的时候，最忌讳的就是吝啬。一个吝啬的人，走到哪里都不会受人欢迎。吝啬，也就是我们常说的小气，一毛不拔，是有能力资助或帮助他人却不肯付诸行动，是一种不正常的心态和行为。在心理学上吝啬是个人对自己的金钱、财物、力气、能力、时间、知识等过分爱惜的一种特殊态度，是一种极端自我中心主义的表现。

因此，青少年要做一个慷慨大方的人，学会分享，拒绝吝啬。

青少年的自我意识，带来吝啬心理

吝啬作为一种自私、冷漠的态度与行为，其危害是显而易见的。首先，它破坏了人类与生俱来的仁爱之心、同情之心和和谐的社会关系。其次，吝啬的人往往患得患失、斤斤计较，经常处在焦虑、矛盾之中，这也让吝啬之人有了许多不快的情绪体验。最后，因为人们往往对吝啬的人敬而远之，他们较少从别人那里得到帮助和温暖，久而久之就容易形成"怪僻"的性格。

对于青少年来说，往往以自我为中心，不愿意别人来分享自己的东西，更不要提借出去，慢慢地就养成了吝啬的习惯。

王亚东是一位初中生，他吝啬的让人难以自信。本来和同学几个在一起玩，大家说好了，轮流请客。而他一天到晚只知道叫别人请客，天天嘴驾在别人身上说。可轮到他了，打电话给他，他说好，但是晚上给他打电话时，他却不在家。于是，大家不甘心，第二天下午四点钟继续打电话给他，可他却说已经吃过了。

例子中的这位青少年，就是典型的吝啬心理表现。现在，很多青少年都是家里的"独根苗"，没有人去和他分享他的东西，在他的心里就慢慢滋生出"自我"萌芽，而且是要什么家里买什么。对于以自我为中心的青少年，要多想想别人需要什么，自己能为集体做点什么，而不要总想着能从别人和集体那里捞到好处。此外，有吝啬心理的青少年要经常提醒自己吝啬是错误的，钱花了可以再挣，可要是因为吝啬伤了感情就得不偿失了。

有吝啬心理的青少年，在星期天或者放假期间可以稍微强迫自己请同学和朋友来自己家里做客。家中来客人时，可有意识地帮助"招待"客人，拿糖果或者水果给大家吃。其次,要多与同伴相处,试着把自己的东西借给别人,增加与同伴分享的经验。这样,自然会主动与他人分享并感到快乐的。

做一个慷慨大方的人,学会分享

对于青少年来说,学会分享决定着今后能否融入到社会,影响着自身能否被社会接纳和认可、能否适应社会并在社会上生存。如某位青少年主动与别人分享属于自己独有的一份东西时,或为对方提出有利的建议、并付诸行动时,常常能赢得别人的好感。从而,为彼此间的交往也打下了基础;而那些只顾自己享受的青少年,在为自己谋利的过程中,不顾别人利益,是很难被社会接受,同时其他人也不乐意与其共事。

分享不但可以帮助青少年建立良好的道德品质,还可以提高他们的社会交往能力和语言表达能力。更能促进青少年个性情感的发展,让他们能够感受到与人分享的乐趣,也可使自身的人格能够朝着健康完善的方向发展。

由于方凯是家中的独生子,"独享"意识特别浓,平时在家总是喜欢吃独食,让他分一点给爸爸、妈妈都不肯。有一天,爸爸下班回来饿了,就随手拿起方凯的糕点吃了。尽管爸爸保证明天立刻给他买,可他还是不依不饶。他的玩具、课外书等更是不让别人碰。一次邻居家的孩子小羽来找方凯玩,这时方凯正在看科幻课外书,小羽摸着科幻书说:"你在哪买的呀?是不是非常好看啊?"方凯小气地将书收藏起来,并说:"这是我爸爸买给我的,你回家让你爸爸给你买呀!"

方凯这种自私自利、以"我"为中心的小气青少年,不懂得和别人一起分享,可以想象他以后在社会上怎么立足?

与别人分享是社会行为的一种表现形式,是人们在积极的社会交往中经常采用的行为。它具有共同拥有和共用的意思,是与独占和争抢行为相对立的,后者被人们认为是自私自利的表现。从广义上来看,分享不仅包括对物质和金钱等有形东西的分享,还应包括对思想、情感等精神产品的分享,甚至还有对义务和责任的分担。

现实生活中,越来越多的青少年不懂得"分享"。这也难怪,如今的青少年大多是独生子女,在家里常常被人捧着护着,属于自己的东西从不需要分给别人。因此,他们成了全家的中心人物,不敢惹也不碰。刚开始可能只是一只苹果一块糖,但长久下去就也会产生“穿石”的力量。生活在这种被溺爱包围的环境中,渐渐地就会养成凡事都以自我为中心、自私自利、斤斤计较,难以与别人友好相处,就更谈不上与别人分享合作了。

此外,青少年的分享并不单指分享食物和玩具等具体事物,还包括你们生活经验和情感体验的分享。比如,在课外之余,把周末出去游玩的趣事和老师聊一聊,或是自己做了一件很有趣的事情,都可以把自己开心的或不开心的事情告诉好朋友,让他们和你一起分享自己的苦与乐等。在经验和情感的分享中你们就能够体验到外界对自己的关注、感谢和同情等。这些都有助于你成为一个慷慨大方、乐观向上的人,当然,这也是在较高层次的分享过程中所取得的结果,也是分享之后的一种自我表现。

5.学会赞美,赢得他人的尊重

青少年学会赞美他人不仅是一种态度,也是一种能力和美德,它的基础就是为他人着想、给别人面子并维护别人的自尊。每个人都有自尊心,如果你想要别人尊重你,首先就得尊重别人。在这个社会上,一个不知道尊重别人的人,是不会得到别人的尊重的。所以,青少年在交往中,一定要用和蔼的态度对待对方,这样你才能得到别人的尊重。

赞美是称赞和夸奖的总称。它和批评、反对及厌恶是相对立的一种积极行为。如果青少年在人际交往中,能够恰如其分的赞美对方或得到对方的赞美,这样就能创造一种热情、友好的气氛,能拉近彼此间的距离,从而使彼此的交往更加愉快,这就是真正认识自己存在价值的一种需要。

怎样才能得到他人的尊重

每个人都喜欢受到别人的赞美。即使是一句简单的赞美之词,也可使人振奋和鼓舞,使人得到自信和不断进取的力量。赞美是发自内心深处的对别人的欣赏,然后回馈给对方的过程;赞美是对别人关爱的表示,是人际关系中一种良好的互动过程,是人和人之间相互关爱的体现。从心理学角度来说,赞美也是一种有效的交往技巧,能有效地缩短人与人之间的人际心理距离。因此,青少年应学会赞美他人,养成赞美他人的习惯,给自己的人气指数增分。

翠翠是一位高中生,她因为宿舍中人际关系紧张而苦恼。在宿舍里同学们互不来往,各自忙着自己的事情,似乎相互有戒心,很难知心交谈,宿舍气氛沉闷,她希望改变这种状况,但又不知从何做起。心理医生告诉她:从现在开始,试着夸奖他人,如:“你今天气色很好!”“你的眼睛真亮!”“这件裙子对你再适合不过了!”等等。不久以后,她去找心理医生说:“宿舍的气氛完全变了样,大家相互帮助,彼此关心,在一起时有说有笑,下课后都愿意回宿舍,好像宿舍有一种无形的吸引力。”

每个人都爱听好话,都喜欢受到别人的表扬。美国心理学家詹姆斯曾说:“人类本性最深刻的渴望就是受到赞美。”青少年们更是如此。赞美是心灵世界的阳光。每个人都需要得到别人的认可,都需要实现自身的价值。喜悦、爱、赞美和欢庆是青少年灵魂的粮食。每位青少年天生都渴望得到他人的赞赏。同时,青少年也会以足够的信心与别人相处。

在赞美他人的时候,更体现了一种智慧。现实生活中,有许许多多的人不习惯赞美他人,因为不善于赞美别人或得不到他人的赞美,从而使自己的生活缺乏很多美好愉快的情绪体验。

所以,赞美就像一剂良药,能够愈合对方因为错误而引发的心灵创伤和悔恨,除去心头的痼疾,矫正行为中的错误,增强其改过的信心。正如英国著名政治家丘吉尔所说:“你想要人家有什么样的优点,你就怎样去赞美他吧!”赞美往往会激发听者的自豪和骄傲感,从中了解自己的优点和长处,认识自身的生存价值,从而融洽和谐人际关系,创造美好的心境。

应怎样赞美他人才适度

赞美就是以一颗真诚的心去对待周围的人,就是及时发现他们的优点,并发自内心地表达出一种欣赏和肯定的态度。但是,青少年要记住的是:赞美他人要适度。

只要抓住赞美这一技巧,青少年在今后的人际交往中,人缘指数会大大上升。

16 岁的小红是一个来自农村的小姑娘,她凭着优异的成绩考进了城里最好的高中。到了城里,小红人生地不熟的,心里非常难过。星期天,小红在宿舍里看到一个同学穿的衣服特别漂亮,她忍不住发出一声赞叹声:“啊,太美了。”那个女同学扭头看到小红坐在那里,马上说了声谢谢。小红觉得这是个时机,马上主动与那女生说话:“你的衣服太漂亮了,在哪买的啊……”不知不觉便和那女生聊了好长时间,从此她便不寂寞了,她有朋友了。而小红也从这件事情学会了一个交往的妙招,那就是学会赞美人。自此,小红凭着这一招又交了好多朋友,她经常与她们一起上街、游玩、学习。

但是,青少年在赞美他人的时候,一定要注意:

(1)要做到及时赞美

任何表扬、赞美及批评都需要及时、恰如其分地把握好时机。如果他人在做完某件事情或正在做某件事情,你给予适当的赞美和鼓励,会起到很好的激励效果。特别是对那些有自闭心理的青少年更应如此。

(2)把握赞美的分寸

有一位哲人曾说:“过度的赞美就会失去赞美本身的作用。”当青少年通过自己的努力而取得了优异的成绩,或者他做完了他要做的事情,都要给他适当的赞美。父母或老师要注意不要重复赞美某件事情。否则,将会进入误区。当青少年表现得很出色时,要及时给他们送上一个真诚的眼神或对他们竖起大拇指,这种独特的赞美方式是对他们的能力和素养表示欣赏。

(3)根据事情的大小来赞美

当周围的同学帮助老人过马路了,这时,最好不要直接赞美他整个人,要根据他的行为品德来赞美他。注意不要夸大其词,这样会使他误会你,认为你是一个虚伪的人。

6.换位思考,多为他人着想

换位思考是人与人之间的心理体验过程。将心比心,设身处地地为他人着想,是达成理解不可缺少的心理机制。从客观条件上来说,它是要求我们将自己的内心世界,如情感体验,思维方式等与对方的思想联系起来,就是站在对方的立场上体验和思考问题,与对方在情感上得到沟通,为彼此间的友谊奠定基础。

学会从别人的立场上看问题

在人际交往中,有很多误解或是矛盾,都是因为在考虑问题时,只考虑了自己,而忘了从对方的立场来看问题。

上完晚自习回到宿舍里，张同学给家里打电话，时间打得比较长，其他三位同学也想给家里打电话，看到张同学那幅慢条斯理的样子，他们有点不高兴。而张同学在电话里谈得很起劲，好像忘了周围有人等着打电话，过了好长一段时间，张同学终于打完电话了。这时王同学开始给家里打电话，他说着说着就忘了后面的两位同学，他还没说完呢，宿舍的灯就熄灭了，后面的两位同学纷纷指责王同学，而王又指责张同学，张同学不服气，四个人开始吵了起来。

在这个事件中，很显然，张、王两位同学都是在自己的立场考虑问题的，他们心里只考虑到自己的需要，而没有为别人考虑。以王同学为例，张同学在打电话时他很着急，他抱怨张同学不考虑别人，而当他开始打电话时，他又只顾自己，不为后面的同学考虑，如果稍微为别人着想的话，就不会出现这样的矛盾了。

青少年的出生背景各不相同，想法、意见、理解也不同……也许某一天，你的朋友会让你生气，请先站在对方的角度思考一下，到底是为什么？每一个人的思考都是有所不同的，在处理人际关系时都应换位思考，站在对方角度思考问题，只有这样才能提升人际交往能力。

很多人在处理问题和与人交往的时候，总是立足于自我的立场，考虑更多的是利益和需要，却总是很少关心他人的需要，更别说是从别人的立场来看问题了。这样就造成了人际沟通中的理解发生障碍和阻塞。我们平常总说别人不理解自己，自己也不理解别人，主要就是由于我们没有站在对方的角度来看问题造成的。

可见，学会换位思考是很重要的。一个人如果具备了这点，便能使自己快乐，同时也使别人快乐。对于能换位思考的人来说，每天都是美的，每个人都是友好的，透过屏窗望到的是茫茫草原上白云朵朵，万绿丛中红花点点镶嵌之美景；而对于不懂得换位思考的人来说，每天都是最最痛苦的煎熬，每个人都会对别人冷眼旁观。所以，学会换位思考成就自己，也快乐别人。

换位思考带来的好处

一位智者说过："把自己当做别人，把别人当做自己；把别人当做别人，把自己当做自己。"这句话告诉人们要学会换位思考。孔子说："己所不欲，勿施于人"。如果你没有换位思考，等待你的极有可能是失败、痛苦、沮丧或者泪水，甚至于无底的深渊；如果你换位思考，迎接你的极有可能是胜利、轻松、希望、微笑、支持，或是至尊的荣耀。不夸大的说，天地之差，生死之别，尊卑之成因，好坏之缘由，可能仅仅是取决于换位与否。

青少年在人际交流上具有这样一种心理特征：渴望得到别人的理解，但同时又很少主动地去理解别人，在对待老师时，这一心理特征表现得尤为突出。在人际交往中要学会换位思考，不只是站在自己的角度去看待或衡量别人，积极地换位思考，这样就会减少矛盾和摩擦，从而形成良好的人际关系。

小王无意间闯进会议室，抬头一看，会议室里坐满了人，而且看到大家都在看着她。于是，她生起气来，怒道："有什么好看的，不就是走错房间了。"其他人听了，也很不满起来，嚷嚷到："走错了，还牛什么啊""这简直是无理取闹""这人太没素质了，影响咱们开会，还生咱们的气"……小王听到这么多难听的话，转身逃走了。最后，还被该公司解雇了。

可见，以自我为中心的人是无法生存的。如果小王换位思考一下，也许不会说出那样的话来。

换位思考的实质就是想人所想、理解至上。人与人之间必不可缺的就是谅解，谅解是理解的深一层包容，也是一种宽容。我们都有被"冒犯"或"误解"的时候，如果为此而耿耿于怀，那么，心中就会有解不开的"疙瘩"；但如果你能站在对方的立场去感受对方的感受，你就能理解对方。

换位思考，有时候而且是多数时候对我们都有很大的益处。当你跟别人有了摩擦的时候，如果不去换位思考，可能你就只会一味地去想你是多么的委屈，你会陷入一个胡同里跳不出来，一直想着别人凭什么这样对你。但是如果你换位思考了，也许你会发现对方跟你有一样的疑问，然后，你就会找到症结所在。

青少年在成长的过程中要学会换位思考。因为，人与人之间需要互相理解和信任，为此，要学会换位思考，这是人与人之间交往的基础——互相宽容、理解，多去站在别人的角度上思考。若常常表现出"以小人之心度君子之腹"，爱用怀疑的眼光看对方，就往往会误解别人。

7.不要做含羞草，敢于交往

羞怯是青少年常见的一种逃避行为，它的表现形式是多种多样的。在日常生活中，经常看到这种现象：有的人在路上碰到熟人因怕羞故意躲避；有的人不敢在大庭广众之下讲话，一讲就会手足无措、脸红舌硬。在心理学上都称之为怕羞心理。有人做过调查，在1000名女孩中，约有35%的人都认为自己有胆小怕羞的心理。青春期的女孩，与男孩相比，更容易受到羞怯情绪的困扰。即使是男孩，也不像人们通常以为的那样，也常常会因为自己的羞怯心理而感到烦恼。

羞怯的心理每个人都会有，只是轻重不同而已。从心理学角度看，羞怯是内心深处的胆怯、自卑、不自信等常见的外在表现。时间久了，会形成紧张、焦虑、恐惧等不良情绪，这种情绪会潜移默化地影响青少年与他人的沟通交流，使青少年得不到健康的成长。

羞怯心理影响人际交往的发展

青少年产生羞怯心理大多数是由于性格内向，怕见生人，不愿与他人交往，不愿与同龄人一起玩耍，不愿在公开场合抛头露面，总是喜欢一个人默默地待在一旁，尽量不引起他人的注意。

一位中学生的日记本上，这样写道"从小我就非常内向，平时见人就脸红，更为严重的是，我几乎不敢在课堂上回答问题。每当老师上课提问时，我都把头埋在书里，不敢抬头与老师的目光对视。而一旦被叫起来回答问题，我就站也不是，坐也不是，有时还浑身发抖。我记得有一次班会，老师要求我上台给大家唱首歌。我低着头半天发不出一点声音，我感觉全班同学的眼光都在盯着我，那一刻，我恨不能从地缝里钻进去。虽然大家鼓掌给我鼓励，但最终我还是一声不吭地从台上跑了下来。"

羞怯心理有时候是性格原因形成的，如这位中学生；有时候是因为缺乏自信，害怕自己表现不好。心理专家曾对羞怯心理的形成进行了分析，分析原因如下：

(1)害怕心理

有的青少年特别害怕别人的亲近，对别人不信任、多疑，担心接触多了被别人知道自己的内心世界。

(2)有时是学校环境导致的。

青少年在成长过程中，学校是一个重要的因素。因为成绩好坏的差异，往往会受老师和同学的批评或责备，时间长了就形成害怕、羞怯的情绪，总觉得自己比别人差，不敢与他人交往，用退缩或逃避的方式来保护自己受伤的心灵。

(3)缺乏自信和实践锻炼。

有些人总认为自己没有迷人的外表，没有过人的本领，属于能力平平之辈，因此在交往中没有信心，患得患失。长期的谨小慎微不仅使他们体验不到成功的喜悦，而且使他们更加不相信自己的能力。加之多数学生生活环境比较顺利，缺乏实践锻炼的机会。这些都是导致害羞的重要的原因。

(4)遗传因素

如果父母本身天生个性属于内向、害羞者，那么他们的孩子就容易出现害羞、怕生的个性。有些青少年害羞的原因，正是遗传因素造成的。

(5)个性差异

每个青少年的个性气质都不相同，有的内向、害羞、退缩；有的则是活泼、大方。如果青少年生性内向、害羞或胆小，必然比较容易怕生。

战胜羞怯，敢于去接触周围的人

经心理学家研究表明，青少年进入青年期以后，不仅注重自我形象，而且还注重别人对自己的看法，关心自己在人们心目中的形象。但如果这种过于超出常态，久而久之，便会成为一种心理上的束缚，以致不恰当地约束自己的言行，怕与人交往，怯于在公开场合讲话。即使在和他人交往时，也会表现得无所适从、语无伦次，不但不能畅所欲言，反而过多地约束自己的言行。有时在和朋友交谈中不能坦率地表达自己的思想感情，造成难以与他人进行正常的交流和沟通。

小凯是一个活泼阳光的男孩子，他在家人和好朋友面前总是毫不退让，不管是唱歌还是发表意见，他都积极响应，但他最害怕见到生人，一见到生人，他总是羞怯地往边上一站，一句话也不说，还怕别人注意他。

例子中的小凯只敢在熟悉的人面前讲话，见到生人就会显得害羞，甚至不敢说话。这是因为缺乏锻炼。

青少年要想不再做含羞草，就从下面做起：

首先，提高自己的自信心。

青少年羞怯的根源是看不到自己的优点和长处，总认为自己无知无能，害怕不能给别人留下好印象。其实，现实生活中，每个人都有自己的优点和缺点。

其次，挖掘自己的特长。

要善于发挥自己某方面的特长，使其成为某领域最优秀的。有很多青少年因为孤陋寡闻、平庸无能，造成与别人没有话可说，并且对自己的成就也不欣赏。如果父母能帮助青少年在某个领域中掌握常人所没有的知识和技巧，那么，青少年就会因为自己的一技之长而增加自信心，从而，结交更多的朋友战胜羞怯心理。

在这个世界上有很多著名人物都曾有过羞怯心理，如美国前任总统卡特及他的夫人、英国的王子查尔斯、著名的女影星凯瑟琳·赫本等都曾坦率地承认自己曾经是一个十分怕羞的人。可是，经过他们有意识的磨炼，最终克服了羞怯心理，取得了令人瞩目的成功，最后都成为社交界的明星。所以，有羞怯心理的青少年，只要你有坚定的信念，用持之以恒的态度，就能战胜羞怯心理。

8.大直若屈，大智若愚

老子在道德经里说的好：“大成若缺，其用不弊。大盈若冲，其用不穷。大直若屈，大巧若拙，大辩若讷。大辩因物而言，己无所造，故若讷也。躁胜寒，静胜热。清静为天下正。大成若缺，其用不弊。”

其实，最正直的人外表是很随和的，但是个很聪明的人。不显露自己，代表的就是行不露色。真正的有才能的人，是不需要刻意去表现自己的才能的。

我们在处理事情的时候，要充分的表现自己的“大直若屈，大智若愚。”

做人就要学会“屈”

很多的时候，任何事情不是自己想怎么样去做就能怎么样去做的，自己的能力与所处的环境等形成了一定的差异后，不得不学会适应，而不是去任自己的所想去办事情。

有两位名学府的高材生，一起到南方某经济特区打工。甲被安排搞统计，天天和报表打交道，所学的知识派不上用场。他感到太委屈，便跳槽到别的单位，结果连跳十多次槽，十年后也未被重用。而乙进公司时也是统计员，他安心工作，十年后是这家公司的副总经理。同样是高材生，甲是弃“屈”图“伸”，结果一事无成。而乙则是以“屈”求“伸”，结果成功了。须知当今高材生比比皆是，用人单位若不是先在“屈”中考验你的本事和品德，怎敢一开始就重用你让你“伸”呢？所以作为大丈夫首先需要能屈能伸才是。

社会中，往往不是那么一帆风顺的。就像两名大学生一样，要想取得好的人生，必须经过自己的努力去寻找适合自己的地位。人生中，一般认为屈伸代表着进退，“屈”意味失意，“伸”则为得意，这只是从表面上去理解的。实际上，人生中的“屈”与“伸”远远不是这样简单。《后汉书·班固传》说：“虽屈伸无常，所因时异。”也就是说，人生中的“屈”与“伸”是应该顺从时势与环境的变化，不可盲目胡来。能屈能伸才是大丈夫所为。

若愚是“智”的表现

人们不禁会问：“什么是真正的‘智’呢？”“智”这个词也许在我们的眼中是一个很容易解释的词语。智即表现为聪明。但其实不是的，真正的“智”人是“愚”者。

有时，不如去试着想想，学会做些“愚”的事情。在自己迫不得已的时候，不应该太过于表现自己的聪明才智，应该表现的内敛。有时许多事情都不是那么容易就解决的。

孙膑是春秋时期著名的军事家，他从小和庞涓一块拜鬼谷子为师学习兵法。庞涓的天资虽较孙膑差得很多，但他为人奸猾，善弄小权术，又轻易不被察觉。两个人出师后，庞涓一直都嫉妒孙膑的才华，于是，便以孙膑私通齐国之罪的为由，奉魏惠王之命对其施以膑足、黥脸之刑。

孙膑是个意志非凡的人，遭到庞涓暗算后，并没有因此消沉下去，他一方面与庞涓巧妙周旋，一方面在努力寻找时机，尽早摆脱庞涓的监视，心想有朝一日驰骋纵横。于是，他决定佯狂诈疯，以倾庞涓的警惕之心。一天庞涓派人送晚餐给孙膑吃，只见孙膑正准备拿筷子时，忽然昏厥，一会儿又呕吐起来，接着发怒，张大眼睛乱叫不止。庞涓接到报告后亲自来查看，只见孙膑痰涎满面，伏在地上大笑不止，把刚写成的几篇兵书一片一片地烧毁，一会大哭，一会儿大笑，一会儿又做出各种傻相：不是唾沫横流，就是张目乱叫不绝。庞涓非常狡猾，为了考察孙膑狂疯的真假，命令左右将他拖到猪圈中，孙膑披发覆面，就势倒卧猪粪污水里。此后庞涓虽然半信半疑，但对孙膑的看管比以前大大地松懈了。孙膑整日狂言诞语，或哭或笑，白日混迹于市井之间，晚间仍归猪圈之内。数日后，庞涓始信其疯，放松了对他的看管。这才使孙膑不久得以逃出魏国。

孙膑不就是通过自己“愚”的表现使自己免除困境的吗？孙膑的装傻弄呆，达到了逃避危难、保全自身的目的。大智若愚在无备中表现有备，在静中观察动，在暗中分析明，因此它比积极、比有备、比动、比静更具优势，更能保护自己。

处在这个社会上，人们随时会和不同的人打交道。有的人能左右逢源、游刃有余，取得事业和生活的双丰收；有的人却磕磕绊绊、四处碰壁，事业和生活对他们而言，则是晦涩和黯淡的。所以在生活中要做到能屈能伸，才会让生活更加的丰富多彩。

人世间的许多事情是无法正常预料的，要学会适当的能“屈”和能“愚”，才是真正的人所具有的内在本质。不是所有的事情都能很美好的解决的，这就要看一个人的领悟能力了。俗话说：能“屈”能伸的人才是大丈夫。看来能“愚”也是如此。智者的表现也许就是“愚”到了极点了吧。

所以，青少年要学会适当地“屈”和“愚”，这样自己在内心会觉得自己的能力还是很不足，那样自己还发现本身就会存在很多的缺陷。做事情就会变得越来越完善了。

青少年的内心世界还是很浅显的，对事物的认识能力还不足，对好多的事情判断都有一定的误差，但是只要做到在待人接物或是其他的事情上，能“屈”能伸，大智若“愚”就会更好吧。那样青少年的心态就会慢慢地平和一点，对待事物的看法就会改变了许多，对自己的成长也是有很大的帮助的。

第六章 拨动内心琴弦,品位百味的人生

懵懂时期的萌动情感,拨动了多少青少年内心的琴弦,理智对待,细心品味,发现人生别有一番风味!

青春期是骚动的时期,青少年对周围的一切充满了好奇,奇妙的情感、交友的秘密等,这一切都在悄悄拨动青少年内心的琴弦。然而,青春期的他们,冲动而懵懂,对于爱情的发展,有着痴情性、轻信性和幻想性;交友一旦失误,将后患无穷。俗话说:有一知己足矣。善待交友,是很重要的。青春期是复杂的,人生是百味的,这都需要青少年好好地面对和处理。

1.暗恋——“爱你在心中口难开”

暗恋用英文表达后直译的意思就是“到心里”,它属于心理学的范畴。心理学家认为,一个暗恋者,就好像他的记忆钟摆停止了一样,他总是陷入自己的情绪中,不愿意出来。这是一种纯粹的单向的愿望,是一种错觉在暗示和鼓励自我,是心理尚未完全成熟的表现,是一种拒避和害怕被弃的心理因素。因此,多发生在一个人的青少年时期。

让“暗恋”成为青春的回忆

心理学家认为, 暗恋是极其平常的一件事, 每个人都可能会暗恋某个人,但那种感情只在心里滋生,其产生可能只是因为某人的一个微笑,一句话,说话的声音,一个形象,一种感觉……那都是很美好的情感,但又无法解释清楚,就像下文中这个女生一样,喜欢一个人,却连对方长什么样子都不清楚。

从书上看到,喜欢上一个人时,看到他就会脸红心跳,心中有小鹿乱撞。一名16岁的初二女生,在一次活动中喜欢上了初三班的一名男生。他长得什么样,她都说不清楚,只记得他的声音非常的好听。他每一次跟她讲话,她

都觉得特别开心。

那个活动，每个周五举办一次，每次她都好期待星期五快点到来。然而，有好几次，她都碰见他和一名女生在路上有说有笑地走着，她觉得那个女生好像是他的女朋友。可是，就算知道他有女朋友，她还是想默默喜欢他，总想着有一天他也会喜欢她。

他已经是初三了，她害怕到他毕业那天他都不会注意她，喜欢上她，对此，她好苦恼。她心里常想：要不要现在就向他告白呢？

例子中的女孩子应该是一个非常可爱的女孩子，处于青春期的男孩女孩喜欢异性是一件很正常的事。有人说暗恋是最美丽的，喜怒哀乐只有自己一个人知道，随着年龄慢慢地长大，会发现，年少时的暗恋已成为了心中最美丽的回忆。

暗恋通常都是无法说出口的一种恋爱情结，原因通常不外于担心双方已有伴侣等等。暗恋可以被看做是一种状态，一种生活方式，一种发泄途径，是一种心理需要。有暗恋心理的人，从来都不会计较付出与回报。像中职生这样的青少年学生群中，最容易出现暗恋的情况。

暗恋的心理总是同你如影随形，时时不肯离开你。即使在你感到快乐时，它会暂时消失，但当你平静下来时，它又会缠着你。暗恋的心理就好像你的一个老朋友一样，总能准确无误地掌握到你的行踪。也许，慢慢地，你会习惯这种暗恋的心理，但久而久之，它就会改变你的一些行为，让你变成另外一个人。

暗恋的人总是会觉得很伤感，这些人总是充满幻想，希望可以等到奇迹的发生，就像文中的女生一样，即使看到暗恋的男生与别的女孩在一起，也不死心。暗恋的人往往会找一些理由来劝服自己，比如说，对方对自己说的一句话，对方给自己的一个笑容。

暗恋的心理与伤感的音乐最投缘，只有在伤感的音乐中，才能找到自我，才能得到一丝安慰。暗恋的人并不觉得暗恋是一件辛苦的事，他们乐在其中，苦在其中，只有旁观者才看得清楚这一切。暗恋的心理像天上的浮云一样，没有一种安定的感觉，而暗恋的人也随着那种感觉在飘荡。

教你几招应对“暗恋”心理的方法

现实生活中，有的人会暗恋对方一辈子，几十年不变，感觉总会停留在当时的一个笑容上。

有这样一个调查，在 100 个 40 岁的已婚人士中，有 80%的人都曾经有过暗恋的对象。而有 50%的人都坦诚现在仍有暗恋的感觉，虽已有了小孩，但偶尔还是会想起当时暗恋的对象。但他们都一致认为，这并不会影响现在的生活，大部分人怀念的只是当时单纯的感觉。

由此可见，暗恋的心理在一个人心里停留的时间会很长，短则六七年，长则十几年。事实证明，这种心理如果处理得当，并不会影响自己的生活。

首先，冷静对待自己炽热的爱，全面评价对方。

如果你真的对某个人产生了强烈的感情，应先冷静一下。你应该考虑清楚，这是因为你到了春心萌动的年龄而一时冲动，还是因为对方只是自己的某种虚幻的爱情偶像。陷入暗恋的人最容易将自己的爱恋对象幻化成完美的神，并按照自己的主观预期去想象、解读对方的一言一行、一颦一笑，让自己深深地觉得对方的确是一个完美的人。

事实上，当你认为对方是完美的时候，就恰恰说明，你根本还不了解对方。因此，当你陷入暗恋无法自拔时，你应当全面认识心中所爱恋的对象，换一种角度去观察与评价，并主动收集对方的缺点，当你觉得原来对方比你想象的差远了时，你就会不自觉地从暗恋的漩涡中走出来。

其次，克服爱情的错觉，客观评价与对方的关系。

因为自己喜欢对方，于是就容易产生对方也喜欢自己的错觉，看到对方的一言一行都像是在向自己示爱。这就是大部分人都会犯的“爱情错觉”。当你陷入深深的暗恋中时，要勇于认清和克服自己的“爱情错觉”，客观地评价和分析自己与对方的真实关系，摆脱令你苦恼的暗恋。你可以经常这样告诉自己：对方只不过是自己的普通同学而已，他（她）会对自己笑，同时也对别人笑，对方根本不知道我在喜欢他，他（她）对我的言行并没有什么特别的地方，我与他（她）也没有感情上的特殊关系，一切都是自己的错觉所致。

最后，积极参加课外活动，扩大人际交往。

陷入暗恋的人往往都是那些很少参加活动，喜欢独处，人际交往的范围太窄，过早、过多地将感情全部倾注在某一个人身上的人。而当你广泛地参加各种活动，开阔自己眼界时，你就会发现大千世界无奇不有，原来还有那么多事值得自己去关注、去探究，还有那么多技能值得自己去学习，慢慢地你就会将心中的那个人淡忘。

当你广泛地与其他异性交往后，就会惊奇地发现，心中所思念的异性根本没有什么特别之处，之前的完美感觉都是“情人眼里出西施”所致。当你渐渐将自己积聚的感情疏远并转化为更多的爱好时，你将会发现一个更多姿多彩的世界，你也将拥有一个更广阔的天地。

2.正确对待“浪漫”的“师生恋”

随着年龄的增长，情窦初开的少男少女会对异性产生美好的感情，其中不少的青少年，会将爱慕思念的对象指向比自己年长的异性，尤其是老师，这在心理学上称为“牛犊恋”。

“牛犊恋”一词是由美国心理学家赫洛克提出的，是指进入了性萌动期的青少年在经历了性反感期后，对长者产生了向往、仰慕和爱恋。这就像牛犊靠近母牛行走，对年长者产生依恋式的爱，是青春期少年在和异性交往中的一个特殊阶段，是少男少女们在成熟的异性恋之前的一种非常朦胧的爱。

透析花季少年的“师生恋”

在进入青春期后，很多青少年由于生理和心理上的一系列的变化，会羞于同异性交往。不知道你是否有这种感受？这时候的青春期是男女相对隔绝的时期，像你一样的男孩和女孩都在各自的群体中，养成了符合自己性别的气质特征，如男孩的豪爽、勇敢、粗犷，女孩的温柔、文静和细致等等。而这些互补性的性格特征，又形成了日后男女之间互相吸引和爱慕的基础，以至发展到长大成人后的完美结合。

其中，师生恋就是青春期少男少女的表现。由于在青少年后期，心中的父母形象逐渐变得渺小，独立意识变得强烈，逃脱家庭、远离父母监护的愿望开始膨胀，渴望着能重新选择一种新的生活。但因为自己的能力有限、经验不足，常常感到束手无策，而这时候的他们，恰恰最需要的是理解和帮助。环顾周围，最易产生依赖感的是身边老师，他们有阅历，有才华，有智慧，充满成熟之美，很容易占据青少年的心灵，成为他们崇拜的偶像。

萧蔷是某校高中一年级的学生，她本来是个活泼的孩子，但是有段时间却处于困惑之中难以自拔。

原来，萧蔷是一位偏科的学生，她特别喜欢上语文课，对英语课则是很反感。每当英语老师走上台，说一些听不懂的英语时，她就会感到困乏，很想睡觉。一学期下来，她的英语考试成绩特别地差。但是，在第二学期的时候，她万万没有想到，她的英语老师调走了，新任老师是一位英俊潇洒的男老师，讲起课来即风趣又有内涵，着实令萧蔷很着迷，从这以后，她就暗自下决心，一定要把英语学好，因此，每当上英语课，她都聚精会神地听着，有时还不时的望着老师英俊的面孔，激动不已。

哪一天，如果没看到英语老师，她的心情就会变得异常地烦躁，每日见到英语老师，是她一天当中最兴奋的事情。

例子中的萧蔷在心里对英语老师有了一种微妙的感觉，这种感觉从心理学上讲是对老师的一种崇拜，一种仰慕。从心理学的深层来分析，青少年这种对异性教师的钟情与“英雄崇拜”，实质上是他们内心自我完善动机的自然流露，他们常常产生一种自我完善的迫切意向，表现出较高的进取心和行动的积极化，具有一定积极的潜在动力作用。

实际上，“恋师情结”多是一种精神上的单相思，被倾慕的老师通常并不知晓，即使偶尔有所察觉，大多也只能以一种慎重、得体的态度，巧妙地加以处理。所以，随着时间流逝，这种得不到强化的情感会逐渐淡化，只留下一缕美好而温馨的回忆而已。随着年龄的增长，许多青少年开始能够比较理智地判断自己与对方在各方面巨大的甚至是不可逾越的差距。因此，随着时间的流逝，原有的痴情会随自我意识的成熟而逐渐冷却消退。

应正确对待“懵懂”的“师生恋”

青少年正处于青春期的发育期，虽然各个方面都发展迅速，但是还是没有在心理上达到成熟的程度。他们的想法往往会是幼稚和一厢情愿的。他们喜欢老师，并不是老师有多漂亮、有多帅，更不是老师有多富有，而是因为这个老师很有内涵、有深度、有品位。尤其对于很多女生来说，往往更容易被异性教师的学识、能力和品德等内在气质深深地吸引，对异性老师产生一种爱慕之情。

当遇到自己喜欢的老师或者崇拜的老师，甚至是互相交流心声的老师，大家都要学会正确对待，即使心中有了这种微妙的感觉，也要学会把这种感觉转化为一股力量，提高自己的学习。

雨菲，某中学初三的语文科代表，她写的文章很美，常常被语文老师当范文来读;她的字很娟秀,每次书法比赛都拿一等奖,而且人又长得漂亮。可是,有一天,她发现自己喜欢上了她的语文老师。

每次上课的时候,她都偷偷地注视着老师,老师幽默风趣的话语,绅士般的举止,渊博的学识,英俊潇洒的外貌,这一切都让她倾倒。甚至有一次,当她陶醉在这种欣赏之中时,被老师发现了,脸顿时红了起来。可是,她是个聪明的学生,并没有把这种感觉延续下来,而是把这种感觉当成促进自己学习的动力。

例子中的雨菲正确对待自己懵懂的师生恋,挽救了自己。一旦发现自己有了恋师情结,首先要学会调节自己的心理。

首先应想到,老师再优秀,但毕竟是老师,大多与自己是两代人。

其次,还应明白,自己看到的毕竟只是老师的一面,对老师的全部并不了解,就如我们崇拜许多明星,我们只看到他们的才华,但人品如何,有没有劣迹,无法知道。有一个女孩曾这样说:"我曾经狂热地暗恋物理老师,把他看得十全十美,但自从有一次,无意间看到他买菜时为一毛钱和小贩争执得唾沫飞溅,甚至说话粗鲁,顿时,心目中高大的形象轰然坍塌。"许多男女孩子常常把爱恋的对象加以美化,这是心理误差,也是不成熟的标志。

因此,学会正确对待师生恋,对于处于懵懂青春期的青少年来说,事不宜迟。

3.青春期心理的作怪——手淫

手淫是指自己用手或器具刺激生殖器，以满足性冲动甚至达到性高潮的行为。青春期是青少年生长发育的最重要阶段,各器官系统迅速发育。生理和心理都发生急剧变化。由于身心在短时期内经历急剧变化,许多青少年对此缺乏必要的知识和心理准备,导致许多心理矛盾和冲突的发生。特别是对性器官的发育和性心理发展中产生的各种问题很敏感。

分析青少年患"手淫"的心理

手淫无疑是大多青少年关注的最重要的问题，他们无一例外地谴责自己"不检点"、"养成坏毛病"、"越陷越深"、"严重影响身心健康"。其实,青少年正处于性发育时期,身体内部对性刺激的反应兴奋多于抑制,有时会产生性冲动,这是正常的生理现象。

小贺在高二年级时,偶尔得到一本黄色小册子,里面的具体情节描述使他冲动不已,难以控制,于是就手淫并得到快感,以后就经常手淫。后来在外面录像厅看了些情意缠绵,身体很暴露的亲昵镜头后就更加冲动,手淫次数更频繁了。再后来慢慢地就出现头昏脑涨、疲乏无力、睡眠不好、记忆力减退的症状。因为,他觉得手淫是一种下流的、道德败坏的行为,害怕被人知道,常在恐慌与紧张中完成,所以心情很紧张,所以每次清洗内裤都是躲躲闪闪,怕人知道无脸见人。

例子显示,由于很多青少年看有损自己身心健康的书籍,而导致患上"手淫"。一般说,如果手淫不成习惯,偶尔为之,对身体没有什么危害;但如果过多、过分强烈,甚至形成了手淫的习惯,对青少年的身心健康则会产生不良的影响。

心理学家分析,青少年患上"手淫",从下面几方面分析:

(1)好奇、模仿、试试看而染上手淫习惯

有这样一个学生,一次偶然机会在游泳池更衣室里看到成人手淫,由于好奇,想试试而染上手淫习惯。

(2)因性无知而染上手淫习惯

刚刚进入青春期的学生缺乏性知识,误以为手淫可以帮助排尿从而染上手淫习惯。

(3)缓解压力

不少青少年在遭遇各种挫折时便以手淫的快感来缓解心理压力,以达到自我安慰的目的。这其实是一种消极的应对方式,对问题的解决并无本质上的帮助且容易形成习惯的手淫行为,对个人的健康有危害。

(4)不良影响

首先是公开的青春言情剧的泛滥,让青少年过早的对性产生了好奇,而最主要的是非公开的、非法的色情文化的侵蚀。例如黄色录像、色情书籍等,此外还包括可以接受国外电台、网络电视的软件,通过这些软件青少年可以源源不断的获得色情内容。而且,习惯性"手淫"还对身心带来危害。

正确对待"手淫"现象

"手淫"行为既不是"不道德的行为",也不是"恶习",它是解除因性紧张而引起的不安、躁动的一种安全的性发泄途径。手淫的“危害”正是宣传“手淫的危害”造成的。荷兰卫生部长在1991年第十届世界性科学大会开幕式上讲到：“以前手淫曾被认为是一种病态，但现在被看作是无害的，甚至是健康的行为。如果某人有性问题，他不是手淫者，而恰恰是那些不能手淫的人。”

小香是一名高三的女学生，她是从初三开始手淫的。因为当时看了一部连续剧，里面老是出现一些煽情的情节，看完之后就控制不了自己。开始的时候差不多每星期一次，也并没有感觉身体有什么明显地反应。

上高中后手淫的次数增多了，一星期两三次。高一第一学期也没觉得手淫后身体有多累，精力还是异常地旺盛，学习也很勤奋。由于在无意间看了一本《健康教育》，书上说过度手淫危害很大，应该戒掉。小香当时就觉得应该戒掉手淫，但决心不大。

到了高二，手淫后的第二天就明显地感觉到注意力不太集中，精力没那么好了。不过再过一天精力就恢复了，对学习的影响也不大。后来就觉得学习精力减退，注意力不集中。

媒体、书籍的不良传播影响了青少年的健康成长。由于青少年的一个普遍特点是缺乏自制力，再加上手淫的性行为方式又是“随手可得”的。这就带来了一个真正应该关心的问题，那就是手淫的量问题。当青少年知道和学会了手淫后，缺乏自控力的他们往往容易沉醉于手淫带来的欢欣、快乐而不能自拔，出现过度手淫。和过度纵欲一样，过度手淫同样是会造成身体的伤害的。

所以，对于有这种行为的青少年，从下面几点做起，改掉它。

(1)培养理想与志向，增强时效感。

学生时代是学习的黄金时代，这说明了戒掉手淫习惯的必要性，引起青少年增强时效感，把主要精力集中在学习上，专心致志，发奋图强，积极向上的心理状态，对青少年的性欲起积极疏导作用。

(2)远离诱惑，转移注意力。

如果床上是你最容易犯毛病的地方，要足够妥当地穿好夜间衣服，使你不能很轻易碰到你身体的关键部位，这样的话脱掉衣物就很困难和费事。到你开始脱掉起保护作用的衣服时，你就有足够的时间来控制你的想法并远离诱惑。如果在卧床时，诱惑看起来无法控制的话，就必须立即起床，你可以到厨房给自己搞点甜点，即使这时是在午夜，即使你不饿，即使你担心发胖。这样做的目的是让你转移注意力。可以这样说，你是可以控制你的意识的。

(3)制定一个有力的每日锻炼计划

锻炼能减缓精神紧张和沮丧，它绝对是解决问题的基础。当你感到压力加大时，锻炼可以加倍。

4.避免因爱失“志”，学会理智把握

青少年爱慕异性，是极为正常的心理现象，每个精神发育正常的青少年都会有这种感情的自然流露。与异性的正常交往，是心理健康发展的需要，对于激发美好生活的追求，鼓舞奋进的理想，具有不可替代的作用。但是，青少年时期谈恋爱，要避免因爱失“志”，应该理智的把握人生的方向，不要被大海中的小漩涡所吞噬。

因“爱”失智，做出傻事

青少年要明白，爱情之花是圣洁的，只有到了一定年龄，正确理解她，懂得珍惜她的人，才能栽培并以真诚之水使之永远盛开。对于青少年来说，在爱情生长的土壤还不具备的时候，最明智的办法是筑好防线，集中精力学习科学文化知识，拒绝接受和传扬爱情的种子。

沈华在学校里认识了一个低他一级的女生，对她印象不错，于是就主动以朋友的身份接近她。那女生和健谈的沈华相处十分融洽。有一次，沈华在街上无意间遇到了那个女生，就和那女生一起走了很长时间，一边走一边聊，本就相处很融洽的两人不知不觉走到了公园，就在公园里休息一下。到了那里，沈华说着说着说到了自己家的事情，沈华那些不幸的经历，让女生非常感动，并表示愿意和他做朋友。就这样，沈华就像抓住了救命草，立刻把全部感情投入其中。在以后的交往中，沈华的感情越陷越深。可是那女孩自答应与他交朋友后，就十分后悔，觉得自己欠考虑，因此多次表示想结束恋爱关系。可沈华不同意，曾写过血书，表示过要断指，自杀，并把主要精力放在处理他们的关系上，致使期末考试两门不及格。

最终那女孩只得找了一个理由要求她的父母帮她转学，临走之际表示只愿与沈华做普通朋友。希望沈华不要再打扰她，并退回了沈华给她的所有

礼物。沈华竟然一时冲动，到那个女孩的学校门口堵住女孩的去路，并动手打了她，致使那女孩的父母找到学校。沈华当众流着泪表示不再与她来往。可沈华的内心还是非常喜欢他，常常想起她。特别是到了节假日，经常打电话，写信，甚至到她家的门口或上班的路上等她，情绪更是难以自制，既怕做出失控行为，更怕考试再亮红灯。

例子中的沈华因“爱”失去理智，做出了愚蠢的事情。从心理角度分析，青少年的恋爱，大多是由于感情的冲动或是出于对异性的神秘感和好奇。这种神秘感、好奇心使他们盲目地效仿成人。当强烈的好奇心和感情上的冲动构成合力时，十分脆弱的理智防线就会被冲垮，往往不能控制自己的感情而过早地发生两性关系。更严重的是有的男生让对方怀孕后，陷入到一种极端恐惧和痛苦的境地之中，既不敢让父母、老师知道，也不愿让同学知道，而去求助于一些江湖骗子、社会渣滓堕胎，使许多女生因此而再次失身，演出一幕幕堕落、出走、自杀的悲剧，年轻的你们，应当警惕啊！越雷池一步必定要付出惨重的代价，成为早恋的牺牲品！

处于青少年时期的你们，这时候应该是有自己的远大的理想、宏伟抱负，成为社会上的有用人才甚至是栋梁之材。然而，这不是空想就可以实现的，任何理想、抱负的实现都离不开勤奋努力，学习知识。十七八岁，正是为各方面的成长、发展奠定基础的最佳时机。一般而言，单纯的青少年一旦坠入情网可能十分专注于“谈恋爱”，浪费大好青春时光，严重影响学业，成绩下降，逃学流产，甚至毁掉了美好的前途。

理智对待，走出恋爱误区

青少年恋爱，自知会受父母和社会上其他人的责备和议论，因而就要躲躲藏藏，远离人群，长此下去，影响了与同学、家人的关系。一旦情感破裂，两人分手，总是痛苦的事情，会留下各种各样的后遗症，甚至会做傻事，这将严重影响青少年心理的正常发展。有的甚至会改变性格，本来活泼、天真的女孩，会变得孤僻、冷淡，对健康成长极为不利。应用成熟的心态理智对待，走出恋爱的误区。

高某出生于一个书香门第的家庭，父母都是文化人，因此对他的要求也很高，他一直是父母眼里的好孩子，老师眼里的好学生。高某相貌平平。高一时曾喜欢上本班的一个女生，告白时却被女生拒绝。之后，便形成一种偏见，认为这样的失败完全在于自己相貌丑陋，并对上进的意义产生了怀疑，觉得无论多么努力，学习再怎么好，事业再怎么成功，注定没有一个人会喜欢。于是慢慢地产生了厌学心理。导致学习滑坡，高二年级上学期开始出现不及格，觉得自己已不是好学生，有点灰心丧气，但又总想恢复中学时的好学生的形象。因此，越想心里越不舒服。

从例子可以看出，这位同学没有理智对待自己的恋爱，导致自己后悔莫及。其实，在生活中，像他这样的青少年还有很多。

青春期是人生中美好的、充满幻想和魅力的时期，但对青少年来说也是一个让你们恐惧、迷茫、不知所措的时期，这个时期的你们对生活充满信心和好奇，但生活中遇到的事情却往往让你们失去这份信心而变得孤僻、脆弱。正确处理交友、恋爱中遇到的心理问题，生活就会明朗。

这个时期的你们是积累知识、增加社会经验的最佳时期。丰富自己的知识才是人生的主旋律，多读有益自己成长的书籍，为自己创造一方纯净的天空，使自己产生自我教育的力量，使之从“美丽的错误”中解脱出来。

5.早恋——别有滋味的青涩苹果

早恋是在青少年中普遍存在一种现象。在青少年进入了青春期之后，因为身体、生理上的特殊变化，心理上也有了一点的对感情的萌芽。经历了很多年的成长，或许是周围接触了异性，所以，会有一种“早恋”的心理。学会正确认识早恋问题，对树立正确的人生观、价值观都是具有积极地意义的。

早恋心理——人生第一次感情尝试

早恋是指未成年男女过早建立恋爱关系的行为。年龄在 18 岁以下的青少年谈恋爱，属于早恋行为，是不可取的。早恋是建立在共同的学习的阶段上的，是属于人生中的第一次的感情的尝试，因此成功性不大，产生早恋心理也许是一些内心的原因或是青春期发育的结果。

一个 15 岁的女孩，她和一个同班的男孩互相爱慕，但受到家长的警告后，女孩压抑了自己的感情，对男孩冷若冰霜，把男孩送给她的礼物当着同学面送回，让那个男孩受到了很大的伤害，事后女孩也因伤害了他人而感觉更痛苦，以至于长期抑郁导致学习下降。

随着青春期性的发育,十几岁的男孩、女孩们互相产生倾慕的感觉,都是正常的,这既符合生理又符合心理上的成长需要,但这种感情合情合理却不合时宜,因为青少年还是应以学习为主,过分释放感情会使双方在不具备谈恋爱的条件下受到伤害。

但如果过分压抑感情、过激处理问题也是不对的,就像刚才提到的15岁女孩,如果想拒绝那个男孩,可以将礼物偷偷地放回对方的书桌里,这样既不伤害对方的感受,又可以明确态度。

心理学上分析,青少年早恋行为有以下几个特点:

朦胧性。早恋的青少年对于早恋关系的发展结局并不明确。他们主要是渴望与异性单独接触,但是对未来组建家庭、如何处理恋爱关系和学业关系、如何区别友谊和爱情都缺乏明确的认识。

矛盾性。有早恋关系的青少年内心也充满了矛盾,既想接触有怕被人发现,早恋的过程中愉快和痛苦并存。

变异性。早恋关系是一种充满变化、极不稳定的感情关系。青少年之间一对一的早恋关系缺乏持久性,一般不会持续很长时间。

差异性。青少年的早恋行为具有明显的差异性。在行为方式上,有的青少年的早恋行为十分隐蔽,通过书信、电话等方式来传递感情,但也有的青少年很公开,在许多场合出双入对,俨然像一对情侣。在关系程度上,大多数有早恋关系的青少年的主要活动是在一起聊天,交流隐秘的感情,从人际关系来看,还没有超出正常的关系。有的则关系发展的很深,除了谈论感情以外,甚至发生性关系。在年龄喜好上,女孩儿喜欢比自己年龄大的、比较成熟的男性。在年龄相当时,多半是女孩儿采取主动。男孩儿喜欢年龄比自己小的女孩儿,在交往中体现自己的阳刚之气。

正确认识早恋问题,学会面对现实

有人说,早恋是一朵不结果实的花,不仅如此,早恋还对青少年的学习和生活造成了很大影响,认清早恋的危害,时刻敲响警钟,对于青少年防微杜渐,避免产生不当的恋情是很有帮助的。

早恋是青少年在青春期正常的心理和生理的反映,只要加以正确的引导,给予充分地理解,一定会收到很好的效果。所以,对于青少年的早恋,一定要让他们知道什么是早恋,正确地认识早恋,并在某种程度上知道早恋的结果，合理地解决早恋问题，对他们以后的身心健康发展是极为有利的。

小红在上初一的时候，一直是一名学习成绩很好的学生，每次成绩在班里面都排到了第一名。后来，小红在学校集体出游时结识了邻班的小强，那次他们在一起唱歌，在河边钓鱼，玩得很愉快。以后几次，小强常常约小红一起出去游玩，小红刚开始还以为是同学就答应了。时间长了，小强给小红送礼物，小红接受了。并且开始上课爱走神，脑子里再没有数学题了，只有小强了。最后，学习成绩一落千丈。

从例子中可以看出，早恋对青少年的成长是不利的。早恋不仅涣散了意志，而且还影响了风气。在学校，班级中出现了男女学生恋爱，就会产生种种反响。一些人把早恋事件当做课余饭后谈论的焦点，探听恋爱者的行踪和隐私活动，相互传播取笑，转移了大家的学习兴趣和注意力，严重影响了学校的风气。

早恋中的青少年有许多出类拔萃、成绩优异者，但由于早恋，使他们过分好奇、兴奋、痴迷。过分沉醉于爱的幻想中，这一切对于涉世不深、意志薄弱、情感易于冲动的青少年本来就是一种“超负荷”运载。在早恋的沉重的几乎要压垮全部稚嫩心灵的超负荷运载下，无心学习，成绩下降，是十分自然的，也是屡见不鲜的。

青春期孩子的精神世界是纯洁而多情的，爱情这一人类永不凋谢的美丽花朵在那里可以找到肥沃的土壤。尽管少年的爱情是纯洁、美好的，但早恋还是必须坚决反对的。

因为在现代社会环境下，其结果往往消极而不幸的，必然严重影响学习，易于导致性犯错，而且成功率极低，实为对青少年宝贵精力的大量浪费。

人生中，有些是避免不了的感情，但是只要是正确地认识早恋问题，从根本上纠正早恋的危害，让青少年从内心知道早恋不但对自己不好，而且还对别人不好，那样你们的内心也是明朗的，合理地进行引导并去改变自己的心理，这样对他们以后的人生也是很有帮助的。正确认识早恋，事不宜迟。

6.异性交往友情还是爱情

青少年无论在家里、学校或是社会同样都会存在着各种各样的人际交往。这种广泛的交往范围，既有同性知己，又有异性朋友。交际范围广的人比那些少交朋友或只有同性朋友的人在个性发展方面更完善，思维情感更丰富，自制力更强等。他们具有较高的心理健康水平，容易养成积极乐观、慷慨大方的性格。这些人际关系的交往不仅影响着青少年心理及个性的形成与发展，而且直接影响着青少年今后成长的道路。

异性之间真的没有友情吗？

青春期孩子结交异性朋友是十分正常的现象。处于这一时期的青少年，正是人的个性成熟和全面成长的时期。在生活中，人们发现，交往范围广泛，不仅有同性朋友而且有异性朋友的青年人，性格相对说来比较豁达开朗，情感体验比较丰富，自制力也比较强，心理容易平衡，情绪波动小。

根据心理人士的相关调查表明：男女生之间纯洁的友谊稀少的原因，是因为纯真友谊的存活率很低，并不是你不想让它活，而是它生存空间很狭小，不适应它生长，它的生命周期也很短暂，这朵花很美，但开不长。男女生之间的纯真友谊，是在彼此的关系上有一个准确的度的把握，也即双方欣赏对方，对对方有好感，却无丝毫杂念。只要一方有不同的理解，有其他目的，那么男女生之间的纯真友谊就要打问号。

尹某是一个初三年级的女生，在过16岁生日时，邀请了十几位同学做客。文艺委员还唱了一首尹某最爱听的歌来助兴。尹某望着文艺委员，听着他委婉动听的歌声，联想到文艺委平时对她的热情和主动帮助，突然有一种从来没有过的特殊感受。从那儿以后，她一看到文艺委便不知所措，她想见他，又怕见他。并且，她认为文艺委员不管是上体育课跑步还是下课她与别人讲话时都处处留心着自己。

这位女同学处于青春期的懵懂时期，对友情、爱情还是没把握好。其实，一个人进入青春期以后，了解异性、接触异性以至爱慕异性，逐渐成为内心的一种渴望和需要，这是很自然也是很正常的，没有这种渴望和需要反而不正常。

对于青少年来说，异性之间的交往很重要。目前，有不少青少年困惑与异性交往到底是好事还是坏事。据心理学家研究表明：男女生的交往不仅是正常的，而且是日常生活中必需的，这有助于青少年身心健康成长。

青少年在与异性的交往中，时常发现某些言谈举止是同伴喜欢的，就把它作为一种鼓励，对这些行为起到了强化作用，从而提高自身言谈举止的修养。相反,若是某些言谈举止不能被异性所接受,这样他们就会有效地控制这些不良行为的再度出现。

在与异性的交往中,青少年还会从中积累一些生活经验,总结一些社交技巧,不但学会了日常生活所必需的知识、技能和态度;意识到自我存在的价值,学会与人们平等相处和竞争,从而,为以后立足于社会奠定了良好的基础。

理智对待,彼此留下好的印象

异性朋友之间交往本是很纯洁的友谊。但随着交往密切程度加深,往往会超出友谊的范围,如果处理不当,便会酿成悲剧。要学会把握分寸,把握得好,便不会伤害到对方的友谊,还会使友谊朝着健康的方向发展。

赵刚与同班的一位女生相恋,他们常常形影不离,一起上学、放学,一块回家,好像有说不完的话,一到星期天,他们就千方百计从家里跑出来,逛公园、看电影、滑旱冰等等。不管干什么,只要两人在一起就觉得特别开心。但不知为什么,过段时间后,两人在一起似乎没什么话可说了,一块玩也没什么兴致了。因此,赵刚就开始怀疑他们俩之间是否真的是爱情。

例子中的赵刚对于自己心中的那份“爱情”要理智对待了,不可迷失自我。其实,两人交往的时候,可大方相处,但需要注意文明礼貌,更需要加强道德修养和讲究高尚的格调,既要热情友好,又须沉稳持重。男女有别不可否认,异性朋友与同性朋友是不同的。同性朋友可以尽情交往,可亲密无间,但异性朋友之间的交往却不可过分亲密,尤其不可失之于轻佻。男生与女生之间交往要讲究道德,注意采取适当的交往方式,光明正大地交往。

虽然和异性做朋友对自己的全面发展有很大的好处,但也要注意以下问题:

(1)把友情和爱情区分开

异性相吸是心理发展的一个重要阶段,在男女青少年异性吸引、彼此好感的基础上,可能进一步发展为爱情。但是,异性相吸并非是恋爱,好感更不等于就是恋爱,尽管好感是产生恋爱的前提。青春初期的少年男女,往往分不清好感与恋爱的区别,造成精神苦恼。

友情不等于恋情,友情可以发生在同性和异性之间。而恋情只会对异性产生,友情是对着大伙的,不排斥他人,恋情则是单一的、排他的。友情是公开的,可以共同分享的,恋情是隐蔽的,自私的。认识二者的区别,有助于青少年正确地分辨自己和别人的感情含义,保持一定的警觉。

(2)要懂得自尊自爱

青春期的学生正值情窦初开,在非正常情况下异性间身体各部分的接触会产生异样的感觉,使人想入非非,所以应避免不必要的身体接触,注意自己的外在表现。

(3)交异性朋友要广泛

与异性的交往,要尽可能减少单独相处,要广泛地与异性同学交往,建立起广泛的朋友关系,多参加集体活动,并在集体活动中与众多的朋友保持良好关系,这才是为自己的长远做打算。

第七章 拥有良好心态，滋润心灵的花园

读懂心态，驾驭命运；改变心态，创造人生！

在这个世界上，有很多人生活得不如意，这是事实；在这个世界上，有很多人追求成功，这也是事实。然而，这部分生活不如意的人怎么能够在追求成功的道路上追求成功呢？

俗话说得好：心态改变一个人的命运，有什么样的心态，就有什么样的人生。用良好的心态，来滋润心灵深处的花园，畅想青春的乐章。

1.感恩心态，读懂生命的真谛

英国作家萨克雷说过："生活就是一面镜子，你笑，它也笑；你哭他也哭。"送人玫瑰，手有余香。无论生活还是生命，都需要感恩。你感恩圣火，圣火将赐予你灿烂阳光。你怨天尤人，最终可能一无所有。

常怀感恩之心，就是对世间所有人所有事物给予自己的帮助表示感激，并铭记在心。只要我们常怀感恩之心，就会有所收获。青少年在以后的成长道路上，要常怀感恩之心，才能读懂生命的真谛。

懂得感恩，内心充实

"谁言寸草心，报得三春晖"。父母给了我们生命，我们对父母要常怀感恩之心，是他们让我们来到了这个充满色彩的世界，让我们看到了世界的真善美。从早上起来的一碗热腾腾的牛奶，到一年四季被子床单的换洗，我们应该心存感激，感谢上天给了自己那么好的父母，感谢父母给了自己健康的身体和一个完整的家。

老师给了我们知识，我们对老师要常怀感恩之心。是老师帮我们开启了知识的大门，是老师让我们懂得了在生活中如何对别人的帮助说一声"谢谢"，是老师让我们明白了受到别人的恩惠，当涌泉相报，是老师从青丝到白

头在三尺讲台上教书育人,他们最大的心愿就是学生个个有出息。学生能常怀感恩之心就有用不尽的学习动力。

朋友给了我们友谊,我们对朋友要常怀感恩之心。朋友能与你患难与共,在你最困难的时候,朋友能千方百计帮你,给你“打气”给你信心,助你跨过学习上各种各样的障碍物。让你刻骨铭心地觉得,朋友的情谊终生难忘。

只有知道了感恩,内心才会更充实,头脑才会更理智,眼界才会更开阔,人生才会赢得更多的幸福。懂得感恩的人,是勤奋而有良知的人,懂得感恩的人,是聪明而有作为的人。

有这样一个有趣的故事:有一次,罗斯福总统家被盗,被偷去了不少东西,朋友们纷纷写信安慰他,罗斯福却说:“我得感谢上帝,因为贼偷去的是我的东西,而没有伤害我的生命;贼只偷去我的部分东西,而不是全部;最值得庆幸的是,做贼的是他而不是我。”谁会想到,一件不幸的事,罗斯福却找到了三条感恩的理由。这个故事,可以说将感恩的美丽展示得淋漓尽致了。

感恩是积极向上的思考和谦卑的态度,它是自发性的行为。一颗感恩的心,就是一粒和平的种子,因为感恩不是简单的报恩,它是一种责任、自立、自尊和追求一种阳光人生的精神境界!感恩是一种处世哲学,感恩是一种生活智慧,感恩更是学会做人,成就阳光人生的支点。从成长的角度来看,心理学家们普遍认同这样一个规律:心改变,态度就跟着改变;态度改变,习惯就跟着改变;习惯改变,性格就跟着改变;性格改变,人生就跟着改变,愿感恩的心改变我们的态度,愿诚恳的态度带动我们的习惯,愿良好的习惯升华我们的性格,愿健康的性格收获我们美丽的人生!

常怀感恩之心,让生命更精彩

常怀感恩之心,是人类情感中至真至纯的芬芳美酒;常怀感恩之心,无论你贫穷还是富有,无论是你顺境还是逆境,无论你成功还是失败;常怀感恩之心,在你闪烁着感激的泪光中,花儿般灿烂怒放的将是一个春光荡漾的美妙世界!

当你口渴时,爸爸给你递上一杯水,你是否感谢过他呢,当你烦恼时,向妈妈倾诉自己的苦恼,妈妈耐心地听完并教导你,你又是否感激过她呢?常怀着感恩的心,能够接收到更多的关怀与帮助,摆脱贫苦和痛苦,从而快乐的生活。一位作家曾说过:我们满怀感恩之情,不仅仅是索取,而且,必须给予,用给予来表达我们的感激之情,是的,大自然是不断循环和流畅的,你给予的越多,你获得的越多,不是吗?只要你付出了,就会有收获,给予收获的规律就这么简单:想要获得快乐,你就必须给予快乐;想要获得爱,你就必须给予爱;想要获取财富,你就必须给予财富。

不要总记着生活给你开的某个玩笑,不要总想着这个社会如何待你刻薄。如果你总觉得不满足、亏得慌,心怀怨恨不满,你就会愈加变得小肚鸡肠、牢骚满腹,你就会对生活失去信心,还会失去健康,以致孤苦伶仃,憔悴不堪,那么快乐和幸福只有永远与你行进在不同的平行线上。

只要我们常怀感恩之心,人生没有什么不幸会永恒得让人永久地淹没在痛苦的海洋里。世间的纷争,生活的烦恼,永远也不会屏蔽我们心中发出的淡泊而宁静的妙音。

亲爱的青少年朋友,常怀一颗感恩之心,让宽容与你我同行,我们应该乐观地对待生命,宽容的善待一切。对于你周围的朋友、同学,说声谢谢,会让他们感到快乐;对你的熟人说声谢谢,他们会有种付出得到肯定的满足;对陌生人说声谢谢,会拉近彼此之间的距离。"命运",不足以阻挡你的前程,只要你能正视困难,化困难为力量,成功后蓦然回首,你就会感谢困难,感谢困苦,感谢贫穷!因为它们才是你的恩人。常怀感恩之心,能让自己的心情更加舒畅。常怀感恩之心,能让我们摆脱贫穷与痛苦。常怀感恩之心,你就会发现,原来一切都是那么美好。

2.执著心态,滴水可以穿石

执著会有什么结果呢?大概也就两种吧:一种是得到你所想要的,欣然而归,倍感快活。另一种是什么也没得到,浪费了时间,精力和情感。

这两种没有好坏之分,要看个人心态。如果你是个在意结果大于过程的人,那第一种最好了。如果你是个对结果看得很淡的人,那么你会很坦然的对待第二种结果。

很多青少年都知道滴水石穿的故事,这个故事意在告诉青少年朋友们,只要坚持、执著,没有完不成的事情,没有实现不了的梦想。

一点一滴,滴水穿石

现在的青少年做什么事情,都是漫无目的的,而且三心二意。更可怕的是，对什么事情都是“三分钟”热度，没有善始善终地把它完成过，继而产生烦躁的心理，这样下去将会影响他们的人生发展。

我国古代的思想家老子所著的《道德经》揭示出这样一个深刻的辩证法思想：“合抱之木，生于毫末；九层之台，起于累土；千里之行，始于足下”，这种辩证的思维，至今对于我们仍有启迪。他告诉我们：任何事情都是从微小处萌芽，都是从头开始的，只有知难而进，不断地努力才能获得成功。

彼得和罗威尔一同去找工作。有一天，当两个人正在大街上走的时候，同时发现地上有一枚硬币，彼得看也不看就走了过去，罗威尔却激动地将它捡了起来。这时，彼得对罗威尔的举动露出鄙夷之色；连一枚硬币也捡，真没出息！罗威尔望着远去的彼得心中感慨：让钱从身边白白地溜走，真不应该！

后来，两个人同时进了一家公司。公司很小，工作很累，工资也低，彼得不屑一顾地走了，而罗维尔却高兴地留了下来。两年后，两个人又在街上相遇，罗威尔已成了一位小老板，而彼得还在寻找工作。彼得对此无法理解：“你怎么能如此快的发财了呢？”罗威尔说：“因为我不会像你那样绅士般的从一枚硬币上走过去，我会珍惜每一分钱，而你连一枚硬币都不要，怎么会发财呢？”

这个例子，意在告诉青少年金钱的积累是从“每一枚硬币”开始的，而大家奋斗的目标也应从一点一滴的积累开始。如果没有这种心态，就不能达到自己所期望的目标；如果追求过高的目标，结果往往是时间浪费了，还影响自己的心情。

因此，大家要学会积累，善于积累，不要操之过急。一定要从一点一滴做起，着急不起丝毫作用。正确的做法是保持一颗“平常心”，这样才能积极而又稳步持久地发展。

然而，积累并不是一朝一夕能完成的。它是一项长期而又费力的工作。学会积累有利于我们交际、学习和工作。你积累的知识多了，与人谈论时就有了话题；你积累的知识多了，在学习中就有了头绪；你积累的知识多了，在工作中就可以事半功倍、得心应手。这样，会使你越来越有自信。成功的桂冠，正等着你。可见，积累与我们的生活息息相关、密不可分。反之，如果你不去积累，做任何事只会徒增自卑感，慢慢失去信心，萎靡不振，最后一事无成。

有了执着心态，还要有专注

专注能够创造奇迹，专注有点石成金、化腐朽为神奇的力量。专注是指一个人的注意力高度集中于某一事物，注意力的集中与否直接关系到青少年的学业好坏和他以后的事业成功与否。

古人云："欲多则心散，心散而志衰，志衰则思不达。"是啊，人的精力毕竟是有限的，往往穷尽全力，也难以掘得真金。所以，人们要专注于一件事情，而不要求多。对于青少年来说，专注尤为重要，应该成为学习、生活中的必修课，时时专注。

杜邦公司创始人伊雷尔，身材不高、相貌平平，对于学习和工作有股近于痴迷的专注劲儿。小时候在法国，家境还很宽裕的时候，他受拉瓦锡的影响，对化学着了迷，对"肥料爆炸"的事尤其感兴趣。拉瓦锡喜欢这个安安静静的孩子，把他带到自己主管的皇家火药厂玩，教他配制当时世界上质量最好的火药。若干年后，他们全家人逃脱法国大革命的血雨腥风，漂洋过海到美国。他的父亲在新大陆上尝试过七种商业计划——倒卖土地、货运、走私黄金……全都失败了。年轻的伊雷尔开始苦苦思索着振兴家业的良策，他认识到，战乱期间，世界上最需要的就是火药，并立志凭借以前的知识积累成为美国最好的火药商。后来，他就靠着这股专注劲儿，克服了许多困难，把火药厂办了起来，成就了举世闻名的杜邦公司。

坚持就是力量。人们都会信任一个坚忍不拔、意志坚定的人。不管他做什么事情，还没有做到一半，人们就知道他一定会赢。因为每一个人都知道，他一定会善始善终。人们知道他是一个把前进路上的绊脚石作为自己上升阶梯的人，是一个从不惧怕失败的人，是一个从不惧怕批评的人，是一个永远坚持目标，永不偏航，无论面对什么样的狂风暴雨都镇定自若的人。

难也专注，成也专注。在世事喧腾、红尘滚滚中静下心来，专注于某一个工作，不受其他欲望诱惑的摆布，这是一件非常艰难的事，意味着有可能放弃很多机会，意味着遭遇困难不能退缩，但是只有这样才能成就一片天地。无论做任何事，如何心无旁骛地完成自己已锁定的目标，才是当务之急。

对于那些"身在曹营心在汉"的青少年，要敲起警钟，课堂上想着网络游戏、小说，不知道自己的梦想，这些现象是可怕的。在学习中，连最基本的"专注"都做不到，何谈梦想、成功？

3.包容心态,做个心胸开阔的人

人们常说,陆地上最广阔的是海洋,比海洋还广阔的是天空,比天空更广阔的是人的胸怀。人活着,聪明也好,愚蠢也罢;有才也好,无才也罢;重要的是要有一颗“包容心”。有了包容,人生自然就会多出许多快乐。正如一位叫苏畅斌的作家说,一个人的成就绝不会超过他的心理宽度!因此,我们必须牢记:一个人的心有多大,他的舞台就会有多大!我们在这个复杂的社会上要想获得更多的智慧、更大的成功,有一个最基本的品质,那就是包容心。

包容是一种人生态度

包容是人类的美德,是人类最为宝贵的品质。包容是文明的标志、文明的成果,也是文明的成因。有一颗包容世间万物的心是美好心态的表现,也是每个人最需要加强的修养之一。乐观、上进、包容是分不开的。眉间放一个“容”,不但自己轻松自在,别人也会跟着舒服自然。因此,青少年在人生的舞台上,应怀着包容的心态,茁壮成长。

美国第二任总统亚当斯与第三任总统杰弗逊从恶交到包容,就是包容的一个生动而又成功的例子。杰弗逊在就任前夕,打算到白宫去告诉亚当斯,说他希望针锋相对的竞选活动并没有破坏他们之间的友情,在杰弗逊未来得及开口时,亚当斯便咆哮起来,“是你把我赶走的!”二人的友情自此破裂,中止交往达11年之久。直到后来杰弗逊的几个邻居探访亚当斯时,这个坚强的老人仍在诉说那件难堪的往事,但接着冲口而说出:“我一向喜欢杰弗逊,现在仍然喜欢他。”邻居把这话传给了杰弗逊。杰弗逊也不计前嫌,他主动请了一位彼此皆熟的朋友传话,让亚当斯也知道了他的心里话。后来亚当斯回了一封信给他,两人从此开始了书信往来。也正是因为彼此有一颗包容的心,才使他们重续友谊。

包容是坚强的表现,而不是软弱。包容是以退为进、积极地防御。包容所体现出来的退让是有目的、有计划的,主动权掌握在自己的手中。无奈和迫不得已不能算包容。包容的最高境界是对众生的怜悯。

包容就是在别人和自己意见不一致时也不勉强对方同意自己的意见。从心理学角度来看,任何的想法都有其来由。任何动机都有一定的诱因。了解对方想法的根源，找到对方意见提出的基础，提出的方案才更能够契合对方的心理而被接受。消除阻碍和对抗是提高效率的唯一方法。每个人都有自己对人生的看法和体会，我们要尊重他们的意见和体验，积极汲取之间的精华，做好放弃。

学会包容别人，就是学会善待自己。怨恨只能永远让我们的心灵生活在黑暗之中；而包容，却能让我们的心灵获得自由，获得解放；学会包容，拥有一颗包容之心，这不仅是人生的一种态度，更能让你自主地驾驭大脑生命中枢，在风雨人生的历练中不断地超越自我，变得更加强大！

“不积跬步，无以至千里；不积小流，无以成大海。”宇宙之所以广阔，是因为它能包容璀璨繁星；地球之所以神奇，是因为它能包容寄居在它身上的物种；人类之所以伟大，是因为有一颗包容的心。

修炼包容心，做胸襟开阔的人

人生在世，难免经历一些风风雨雨、坎坎坷坷，怎样活得痛快，活得潇洒，也是每个人必须面临的一个问题。其实，只要有一颗包容的心，许多问题和困难就会迎刃而解了。

大海因为包容了条条溪流而广阔无边，高山因为包容了石子泥土而雄伟博大。生活的空间，说大就大，说小也小，就看一个人包容的胸怀大小了。

周作人平时行事总是一团和气，以德待人，他是以态度温和著名的。相貌上周作人中等身材，穿着长袍，脸稍微圆，一副慈眉善目的样子。他对于来访者也是一律不拒，客气接待，与来客对坐在椅子上，不忙不迫，细声微笑地说话，几乎没有人见过他横眉竖目，高声呵斥，尽管有些事情足可把普通人的鼻子都气歪。据说有段时期，他家有个下人，负责里外采购什么的。此人手脚不太干净，常常揩油。当时用钱，要把银元换成铜币，时价是1银元换460铜币。一次周作人与同事聊天谈及，坚持认为时价是200多，并说他的家人一向就这样与他兑换的。众人于是笑说他受了骗。他回家一调查，那个仆人不仅在银元兑换上欺骗他，还把整包大米也偷走了。他没有办法，把下人请来，委婉和气地说：“因为家道不济，没有许多事做，希望你另谋高就吧。”下人不知怎么个想法，忽然跪倒，求饶的话还没出口，周作人大惊，赶紧上前扶起他，说：“刚才的话算没说，不要在意。”

后来，他在政府做了高官，他过去的一个学生穷得没办法，找他帮忙谋个职业。一次去问他，恰逢他屋里有客，门房便挡了驾。学生疑惑周作人在回避推托，气不打一处来，便站在门口要起泼来，张口大骂，声音高得足以让里屋也听得清清楚楚。谁也没想到，过了三五天，那位学生得以上任了。有人问周作人，他这样大骂你，你反用他是何道理，周作人说，到别人门口骂人，这是多么难的事，可见他境况确实不好，太值得同情了。

正是因为他的包容心，胸襟开阔，为他赢得了不尽的声誉，也为中华民族造就了无数名士。为青年人养成宽容忍让的良好习惯树立了榜样。

胸襟开阔是也是包容的一个重要表现。恢宏大度，胸无芥蒂，肚大能容，吐纳百川。飞短流长怎么样，黑云压城又怎么样，心中自有一束不灭的阳光。以风清月明的态度，从从容容地对待一切，待到廓清云雾，必定是柳暗花明的全新世界。相信天空是宽广的，走过去，前面便是一个蓝天。豁达的人，心大、心宽。我们要按生活本来的面目看生活，而不是按照自己的意愿看生活。风和日丽，你要欣赏；光怪陆离，你也要品尝，这样，你就不会有太多牢骚和太多的不平。只有用这种包容的心态去对待这一切人或事，你的心胸才会随之宽广起来，你的人也才会变得豁达起来，才会慢慢走向成功。

所以，青少年朋友们，怀着包容心态，做一个胸襟开阔的人，来享受人生，美化人生，来滋润心灵的花园。

4.诚信心态，为人谋事之本

有人说："如果你失去了金钱，你只失去了小半，如果你失去了健康，那么你就失去了一半，如果你失去了诚信，那么你就一贫如洗。"诚信是民族的美德；诚信是企业的资本；诚信是交际的准则；诚信是人生的通行证。青少年朋友一定要握好人生的这张通行证，拥有了它，才能在以后的人生路途中畅通无阻。

诚实是一切美德的基石

古往今来，"诚实"都是英雄们惺惺相惜，成就大业的根本。无论儒法，还是老庄，"诚实"总是作为君子最重要的美德出现的。古书上处处写着君王以诚治国，诸侯以诚得士的故事。信陵君正因诚实得到侯君，抗秦救赵，名扬四海，刘皇叔正因诚信打动了诸葛孔明，三分天下，成就霸业。而梁山上，那些英雄好汉，一诺千金，为诚实两肋插刀的豪情，更被写进了名著，感动着千百万读书人。诚实是基石，诚实是资源，诚实更是迈向成功的阶梯。

诚实可以给青少年创造良好的内在心境；诚信可以使一个人心胸坦荡，仰不愧天，俯不愧地，可以使一个人精神饱满，如沐春风。此外，大家都诚实，就能形成社会的良好环境和良好的世风，从而为茁壮成长的青少年创造条件，形成一种良性的互动。

门德尔松是德国作曲家，1829年，他20岁时，第一次出国演奏，一时轰动了英国。英国女皇维多利亚在白金汉宫为门德尔松举行了盛大的招待会。女皇特别欣赏他的《伊塔尔慈》曲，对他说，单凭这一支曲子，就可以证明你是个天才。门德尔松听了以后，脸红得像紫葡萄一样，局促不安地连忙告诉女皇说，这支曲子不是他作的，而是他妹妹作的。本来，门德尔松是可以将这件事隐瞒过去的，但他在荣誉面前并不想夺人之美。他觉得诚实是一个人应有的品质。

这样的事例很多，但能像门德尔松那样有勇气站出来澄清的却很少。有时，一个人的品格就反映在一句话中。

一个诚实的人首先是一个诚实待己的人，一个敢于面对自我真实面目的人。这样的人能全面客观的审视自我，既不妄自尊大、自欺欺人，也不妄自菲薄、自我贬低。俗话说“知己知彼，百战不殆”。对自己的情况了然于心，就已经成功了一半。因为只有那些全面把握自己优点和缺点的人，才能真正了解自我成功的可能性和局限性，既不会因为他人的赞誉或阿谀奉承忘乎所以，也不会因为别人的否定或自己的一次失败就气馁。这样的人往往会在别人惊奇的目光中从小成功走向大成功。这就是诚实所具有的特殊人格力量。

守信是一个人无形的“名片”

诚信，诚实又要守信。守信是人格确立的重要途径，也是人与人之间交往得以继续的前提。没有人愿意与不讲信用的人交往，只要欺骗别人一次，就永远失去了别人的信任，更谈不上别人对你的重用。当别人知道你不可靠时，你的机会就消失殆尽。孔子说：“人而无信，不知其可。”守信是无形的“名片”，关乎一个人的形象和品质。

孔子的学生曾子有一个小儿子。有一天，曾子的妻子要到集市上买东西，可是小儿子吵着也要去。他妻子就对孩子说：你好好在家等娘，娘回来叫你爹杀猪娃给你吃。孩子不闹了。当她从集市回来,曾子正在磨刀,准备杀猪。她急忙对曾子说,猪娃不能杀,我是哄孩子玩的。曾子听了,说道:大人怎能对孩子无信呢?母亲不守信用,孩子便会失信于人,答应孩子的事是不能反悔的。曾子的妻子点头称是,和曾子一起杀了猪娃。曾子深深懂得,诚实守信,说话算话是做人的基本准则,若失言不杀猪,那么家中的猪保住了,但却在一个纯洁的孩子的心灵上留下不可磨灭的阴影。

有这样一句名言:“这个世界上只有两样东西能引起人内心深深的震动,一个是我们头顶上灿烂的星空,一个是我们心中崇高的道德准则。”而今,我们仰望苍穹,星空依然清朗,而俯察内心,崇高的道德却需要我们在心中每次温习和呼唤,这个东西就是诚信。

守信是一种力量,它让卑鄙伪劣者退缩,让正直善良者强大。诚信无形,却在潜移默化塑造无数有形之身,永不褪色。诚信以卓然挺立的风姿和独树一帜的道德,赢得众人的信任和爱戴。守信用作为一种传统美德,是现代人交往的“信用卡”,也是维系人与人感情的“信誉链”。有了诚信,人际交往才会变得有序和有效。

每一个渴望梦想成真的青少年,都应该主动成为诚信的忠实卫士。我们无须埋怨世态炎凉,人心不古,因为美好的一切就在你我手中。那就从自我做起:“面对篝火,我们需要自己带上火柴才能取暖。”从身边的小事做起吧,播种诚信,我们得到的绝不仅仅是朋友的信任,还有值得信赖的整个世界,因为诚信的期盼同样存在于大多数人的心里。当诚信不再是稀缺的资源,当诚信无处不在、无时不在的时候,我们就成功了。

5.空杯心态,弯下腰去学习

心理学中有种心态叫“空杯心态”。何谓“空杯心态”?“空杯心态”象征的意义是,如果想学到更多学问,先要把自己想象成“一个空着的杯子”,而不是骄傲自满。

空杯心态就是随时对自己拥有的知识和能力进行重整,清空过时的,给新知识、新能力的进入留出空间,让自己的知识与能力总是最新;永远不自满,永远在学习,永远在进步,永远保持身心的活力。在攀登者的心目中,下一座山峰,才是最有魅力的。攀越的过程,最让人沉醉,因为这个过程,充满了新奇和挑战，空杯心态将使你的人生不断渐入佳境。

心态归零，学无止境

青少年要想应对时代和环境的变化，须随需应变。以变应变，要求我们具有空杯心态。做事的前提是先要有好心态，如果想学到更多学问，提升能力，要把自己想象成“一个空着的杯子”，而不是骄傲自满、故步自封。

归零心态，其实就是一种虚怀若谷的精神。有了这种精神，人才能够不断进步，企业才能不断发展。心态归零，即空杯心态是重新开始，我们应该不断学习、学习、再学习。而后，我们的生命才会更有价值。

在一座山庙里，住着一个老禅师和一个小沙弥。有一天，老禅师让小沙弥用筐去装一筐东西回寺庙。不一会儿，小沙弥就回来了，筐里装满了几块大鹅卵石，老禅师问，满了吗？小沙弥奇怪了，明明已经满了呀！但是，他不敢说话，于是背着筐又出去了。不大一会儿，小沙弥又回到了寺庙，筐里的大的空隙填满了小鹅卵石。老禅师对他说：“满了？”“满了！”小沙弥答到。老禅师说：“再去！”如此三番，小沙弥后来又在小缝隙里装了沙子，又往里面注入了一茶壶水才算交了一份答卷。这让我们受到了很大的启发：当自己心中已装满了东西，哪里还有空间来容纳其他事物呢？

做人就像一只杯子，你不停地往杯子里倒水，杯子的容量有限，如果你不把杯子里的水倒出来，水就会溢出来。人的思想就像只杯子，装满了知识和想法，假如你想要学得到更多的东西，就必须先把自己手中的那半杯水倒掉，真心的用一个属于自己的空杯，然后才能够真真正正的学到自己想要的东西。如果你不抛弃旧的观念，就无法接受新的东西，所以，做人要空杯一切。

我们都知道这样一个现象：如果一个杯子有些浑水，不管加多少纯净水，仍然浑浊；但若是一个空杯，不论倒入多少清水，它始终清澈如一。请时常清空我们杯中的水，以积极、开放的心态面对新事物。“善人者，不善人之师；不善者，善人之资，”学习善者，可找出差距，弥补不足，学习不善者可以以此为鉴，减少不必要的失误，提升适应性。

所以，心态归零，是一次更高起点的重新开始，是一个人的心智！成熟的真正标志。无论是风雨交加的日子，还是阳光灿烂的日子，只要领悟了一切归零的奥秘，你就能气定神闲，笑看人生。

弯下腰去学习

在人生的道路上,我们要试着学会弯腰去学习。在互联网这个全新的领域中,博士、董事,都是不懂事;大校、中校,全无效;上尉、中尉,无所谓。所以,只有心态归零,你才能快速的成长,才能学到这个行业的很多技巧和方法。

歌德在他的叙事歌谣里讲:耶稣带着他的门徒彼得远行,途中发现一块破烂的马蹄铁,耶稣就让彼得把它捡起来。不料彼得懒得弯腰假装没听见,耶稣没说什么就自己弯腰捡起马蹄铁,用它从铁匠那儿换来三文钱,用这钱买了十八个樱桃。出了城,两人继续前进,经过的全是茫茫的荒野。耶稣猜到彼得渴得够呛,就让藏于袖中的樱桃悄悄地掉出一颗,彼得一见,赶紧捡起来吃。耶稣边走边丢,彼得也就狼狈地弯了十八次腰。于是耶稣笑着对他说:"要是你刚才弯一次腰,就不会在后来没完没了地弯腰。小事不干,将来就会在更小的事情上操劳。"今天多弯腰拾起一些"小事",或许明天,它就会在我们的怀中孵化成美丽的宝石。

这些故事正是告诉我们,人在学习的过程中,一定要有弯腰学习的精神。无论何时何地,我们永远都应保持一颗谦卑的心!时时刻刻明白:要想获得真知,就得弯下腰去学习,而要想做到这些,就需要有谦虚的态度。

谦卑是什么?谦卑就是甘愿让对方处在重要的位置,让自己处在次要的位置。易经谦卦说:谦卑是指人因为虚心所以能进入对方的心,被别人接纳。而在沟通时彼此接纳是很重要的,因此谦卑作为一种品格也非常重要。学习既是一种行为,更是一种开放的谦卑的心态,是成功者必备的素质,要永远保持一颗谦卑的心,努力向所有身边的人和事学习。因为只有这样,我们才会学得更多、学得更好。

"人要有空杯心态和海绵心态,让自己从学徒的心态开始前行"。如果总是守着自己的半桶水,晃呀晃的,有相应的成就感,认为"也不过如此"。这个时候产生的成就感一方面有利于我们增强对学习新事物的信心,但另一方面值得注意的是,与信心的增强一同滋长的还有我们的浮躁心理和骄傲心态。如此一来,求知欲下降了,自傲心理加强了,学习的动力没有了,于是便有了半杯水、半桶水,再也无法融进更多的知识。

6.进取心态，激发生命的潜能

“当你消沉时，世界与你一起消沉不振；当你积极进取时，你只能孤军奋斗!”

进取心，是一种神秘的牵引力。它会牵引着我们向着目标不断努力，它不允许我们懈怠，它让我们永不停步，每当我们达到一个高度，它就会召唤我们向更高的境界努力。

拥有进取之心的人，无论承受着怎样的任务，他都会竭力地把它做得尽善尽美；拥有进取之心的人，无论从事着什么样的工作，他都会要求自己要力争一流，不甘落后；拥有进取之心的人，无论面临着怎样的现状处境，他都会尽力地让自己的明天比今天好。

相信自己的价值，不断进取

人的一生都有过这样或者那样的追求，之所以追求，从某种意义上讲，是相信自己的价值，不满足现状，不断进取。当某一追求得以实现时，会感到一种快乐和欣慰，一种满足感和成就感油然而生！这就是人，这就是人生的追求!一个轮回，从起点跑到终点，又从终点想到起点。人的一生，也许就在不断地追求着一个个追求，又从一个个满足到一个个不满足中度过。

相信自己的价值，生命的价值首先取决于你自己的态度。这是一种心态的问题。

在一次讨论会上，一位著名的演说家没讲一句开场白，手里却高举着一张20美元的钞票。面对会议室里的200个人，他问：“谁要这20美元?”一只只手举了起来。他接着说：“我打算把这20美元送给你们中的一位，但在这之前，请准许我做一件事。”他说着将钞票揉成一团，然后问：“谁还要？”仍有人举起手来。他又说：“那么，假如我这样做又会怎么样呢？”他把钞票扔到地上，又踏上一只脚，并且用脚碾它。然后他拾起钞票，钞票已变得又脏又皱。“现在谁还要？”还是有人举起手来。“朋友们，你们已经上了一堂很有意义的课。无论我如何对待那张钞票，你们还是想要它，因为它并没贬值，它依旧值20美元。人生路上，我们会无数次被自己的决定或碰到的逆境击倒、欺凌甚至碾得粉身碎骨，我们觉得自己似乎一文不值。但无论发生什么，或将要发生什么，在上帝的眼中，你们永远不会丧失价值。在他看来，肮脏或洁净、衣着齐整或不齐整，你们依然是无价之宝。生命的价值不依赖你们的所作所为，也不仰仗你们结交的人物，而是取决于你们本身！你们是独特的——永远不要忘记这一点！”

一直深深欣赏鲁迅先生说过的一句话：“不满是向上的车轮”。对，没错，如果全世界的人都安于现状，满足于现状，社会还会发展吗？时代还会前进吗？拿破仑·希尔还告诉我们，要不安于现状，怀着一颗进取之心去创造生活，规划未来，它是一种极为难得的美德，能驱使一个人在不被吩咐应该去做什么事之前，就能主动地去做应该做的事。俗话说：知不足而上进么。只有相信自己有所用处，才能体现价值所在，但是千万不要满足于这种现状，要积极进取，奋发图强，力争上游。

昨天不等于今天，过去不等于未来。生活在美丽非洲草原的羚羊和狮子，两者相比之下，弱者羚羊，为了生存别无选择，只有面对现实，勇于挑战、用心挑战，才能超越自我、获取食物、战胜对手、不断进步，才能在美丽的非洲大草原上天长地久。

青少年朋友们，要相信自己的价值，不要满足于目前的现象，人生的价值在于不断进取，不断追求完美。

激发生命的潜能，不断进取

生命在成长的过程中，会因一些创伤性的经验而造成内在的扭曲和恐惧，造成种种问题。完形治疗则在于将未完成事件揭示出来，以期为生命找到独一无二的意义感及方向感。

每一个人都想找到自己，每一个人都想发现自己，每一个人都想成为一个完整的自我。这就是完形，这就是人类至高无上的心灵潜能：成为一个完整的人！完形心理学的价值就在于肯定了人类的这种潜能。

一位农夫在粮仓面前注视着一辆轻型卡车快速的开过他的土地。他的14岁的儿子正在开着这辆车，由于年纪还小，他还不能考驾驶执照，但是他对汽车很着迷，似乎已经能够操作一辆车子了，因此农夫准许他在农场里开这辆客货两用车，但是不准上外面的路。但是突然间，农夫眼看着汽车翻到水沟里去，他大为惊慌，急忙跑到出事地点。他看到沟里有水，而他的儿子被压在车子下面，躺在那里，只有头的一部分露出水面。根据报纸上所说，这位农夫并不很高大,他有170公分高,70公斤重,但是他毫不犹豫地跳进水沟,把双手伸到车下,把车子抬了起来。足以让另一位跑来援助的工人把那失去知觉的孩子从下面拽出来。当地医生很快赶来了,给孩子检查一遍,只有一点皮肉伤,其他毫无损伤。这个时候,农夫却开始觉得奇怪起来了。刚才去抬车子的时候根本来不及想一下自己是否抬得动,由于好奇他就再试了一下,结果根本就动不了那辆车子。

由此可见,一个人通常都存有极大的潜在体力,这一类的事还告诉我们另一项重要的事实,农夫在紧张情况时产生一种超常的力量,并不只是身体的反应,他还涉及心志的精神的力量,当他看到自己的儿子快要淹死的时候,他的心智反应是救自己的儿子,一心要把压在儿子身上的卡车抬起来。再没有其他的想法,可以说是精神上的肾上腺引发出潜在的力量,据专家认定,潜意识的力量是有意识力量的三万倍。科学家发现,人类贮存在脑内的能量大得惊人。人平常只发挥了极小的大脑功能,要是能够发挥一大半的大脑功能。一点也不夸张。那么可以轻易学会40种语言、背诵整本百科全书,拿12个博士学位……

人的生命力是顽强而巨大的,即使某些表象的东西不复存在,可其本质永远也不会泯灭,其内里隐藏着无限的潜能,只是处于一种“休眠”状态,一旦受到某些刺激或遭遇某些挫折或遇到适当的时机,它就会被惊醒,释放出不可抗拒的能量,彰显和光大生命的辉煌。

其实,我们每个人的生命之中都蕴藏着一定的潜能,只是有时我们没有去挖掘它,放弃了对它的利用,才使我们生命的潜能无法得到释放。因此,我们要充分挖掘和利用生命中的潜能,为我们的生命增添靓丽的光彩。

7.施与心态,让世界充满爱

施予者将自己的快乐交与被施予者,由他人的态度决定自己的态度。“我施予——我快乐”,不受其他因素影响,建议施予者,如果有一颗阳光心态,自己会更快乐。真正聪明的人,他以一颗施予的心做事;愚蠢的人,他以一颗自私自利的心做事。成功不靠运气,成功有定律,尤其是因果定律,有因才有果,您这一生所得到的一切是谁给出去的?自己给出去的。有劳才有获。

施予是一种能力

如果你得不到爱和关心，如果你失去了盼望，那么，你应该向别人施予爱和关心，尝试给别人盼望。虽然你那样贫穷，但当你施予的时候，你会发现，你好像找到了爱和关心，你会发现你很富有。当你施予，你就拥有。此外，帮助别人还有提升心境的作用，当受助者的痛苦消除并开始快乐起来的时候，助人者同样会受到这种情绪的感染，使自己也变得更加愉快。施予是一种能力！

一条偏僻漆黑的小巷，有一个盲人一手拿着一根竹竿小心翼翼地探路，一手提着一只灯笼。有人忍不住问他："您自己看不见，为什么要提个灯笼赶路？"盲人缓缓说道："提个灯笼并不是为自己照路，而是让别人容易看到我，不会误撞到我，这样就可保护自己的安全。而且，这么多年来，由于我的灯笼为别人带来光亮，也能为别人引路，人们也常常热情的搀扶我，帮助我，使我免受许多危险。你看，我这不是既帮助了别人，也帮助了自己吗？"

照亮别人，多么令人感动，当我们在需要帮助的时候，恰巧就有一个帮助你的人出现，我想任何一个人都会感觉到幸福！在这个世界上，个人的力量总是单薄的，任何一个人都离不开他人的帮助。常言道："一个篱笆三个桩，一个好汉三个帮。"正是由于大家相互帮助，相互关怀，这世界才会这般温暖，这般美好。如果在对方处于危难境地的时候帮助他，就能给对方带来力量和信心，使他们有更大的勇气去战胜困难。别人也定会有"滴水之恩，涌泉相报"的感激。

其实，更多的时候，人们不光需要拥有，有时还需要施予，不论贫富、有时施予的确能给人带来快乐和满足。因为，当你快乐的施予，而不求什么回报的时候，你会发自己内心得到了许多，拥有了许多。

当然，大多数人都有一副乐于助人的热心肠。有的人生活困难，他们毫不犹豫慷慨相助；公共汽车上，主动给老弱病残让座；过马路时，总不忘记帮助年迈的人一把；遇到迷路的陌生人，他们总会给人家热心的指点……在他们眼中，帮助别人是一件非常快乐的事。看到别人因自己的帮助而摆脱困境，看到别人因自己的帮助而就此振作，看到别人因自己的帮助而高兴、快乐，有谁不感到幸福呢？这些爱帮助别人的人也时时处处被别人喜欢着，走到哪里，哪里就有朋友。在他们遇到困难时，也总会得到他人的热情帮助。

请记住，当你给朋友一份快乐时，你就拥有了两份快乐！伸出你的手，伸出我的手，让我们相互帮助，相互快乐，相互关怀，让我们人人都献出一份爱，让这个世界变得更加美好！

时常怀着施与心态，让世界充满爱

有许多人知道郭峰的成名作《让世界充满爱》，但也许很少有人知道《让世界充满爱》这部八十年代的电影。电影讲述的一个出租车司机撞死了人，没有敢去自首，而是把内心的愧疚和无限的爱献给了死者的家人，当然，他最终并没有逃脱法律的制裁。电影的作曲就是郭峰，《让世界充满爱》这首歌就是他为这部电影写的主题曲。

这世界上的每一个生命都属于我们地球家园，善待每一个生命就是善待我们自己。让世界充满爱！让我们爱每一个人，每一个生命！其实在我们的生活中，爱，永远是我们亘古不变的话题，不是因为其他的什么，而是，爱的确在平凡的生命里给了我们太多的感动。

20 世纪 60 年代，某地山里饿死了不少人，为了肚子，人们在猎尽鹿、兔子之后，又把目光对准了猴子。

有一只母猴为了逃脱人们的围剿。手中抱着两个孩子，匆忙在光秃秃的山岭上逃窜。母猴慌不择路，最终爬到空地上一棵孤零零的小树上。爬上去后再也无路可逃了，它绝望地望着眼前的猎人，搂紧了两个孩子。

两个猎人同时举起了枪。正当他们要扣动扳机的时候，母猴向他们做了一个手势，两人一愣，就在他们的犹疑间，只见母猴将背上和怀中的小猴搂在胸前，喂它们吃奶。也许是惊吓，也许是不饿，两个小东西吃了几口便不吃了。母猴将它们搁在更高的树杈上，自己上上下下摘了很多树叶，将奶水一滴一滴地挤在树叶上，放在小猴子能够够得着的地方。做完这些事后，母猴缓缓地转过身来，面对着猎人，用前爪捂住了眼睛……

在自然界中，无论是对于哪种生物，母爱都是一个永恒的主题，母爱是最让人感动的爱，最令人难忘的爱，最让人无法释怀的爱！

世上有许多爱，圣洁如母爱，拳拳如父爱，坚贞如钟爱，伟大如博爱……天下之爱，可谓一个字——多！大爱，小爱等等。

爱是一个极其温暖的字眼，而这个世界正是有了爱，才会谱写了那么多的善良，那么多的感动。如果人们都能关心你身边的人，对朋友、同学多一些交流、多一些关心、多一些帮助，也许悲剧就不会再发生，世界也更加美好！

8.渴求心态，想法决定做法

在生活中，人们有很多的无奈，但人生中并非只是一种无奈，而是需要自身主观努力来把握和调控的。人生的方向是由“心态”来决定的。当一个人拥有了渴求心态的时候，正是他走向成功的开始。渴求的心态不仅是成功的起点，也是一个人重要的心理资源。处于青春期的你们，心中装满了梦想和对未来的憧憬，这就要大家满怀渴求心态，并为之不断努力。

想法决定做法

心态决定想法，想法决定做法，做法决定出路。人们拥有的最为有力的杠杆形式就是心智的力量。杠杆存在的突出问题在于它可以为你服务，也可以伤害你。如果大家想在宝贵的青春年华里拼搏一把，那首先必须要做的一件事就是运用心智的力量。

想法决定做法，做法决定习惯，习惯决定命运。这是一条不错的生活体验。想法，创造神奇，决定一个人的贫穷和富裕。青少年朋友们，如果你们心里从没有过自己的梦想或目标，即使上帝给了你一个聪明的脑袋，最终你还是将会一无所有；如果你们常常把自己的想法放心中并付诸行动，即使你没有聪明的脑子，但经过努力奋斗，你的人生终将成功。

《穷爸爸，富爸爸》这本书想必大家都看过吧，看过后的那种心情，汹涌澎湃。因为它总结了人生的真谛，说出了大家想要说的话。渴求什么，脑子里就有什么样的想法，有了这种想法，就决定了你的做法，既而也就成就了你的梦想，踏上了成功的道路。

富爸爸说：“第一步决定了你希望生活在哪一个世界中，你是想生活在一个穷人的世界中？还是一个富人的世界？”

“是不是大多数人最先选择生活在富人的世界？”年轻人问。

“不”，富爸爸回答说，“大多数人梦想生活在富人的世界，但是他们没有走出具有决定意义的第一步。一旦做出决定，而且如果你真正做出了决定，那就再也没有退路。在你做出决定的那一刻，你的生活将会彻底改变。”

在生活中，若无超越环境之想，就绝对做不出什么大事。换位思考，换一种想法，会换一种心态，多一个思路，会多一个出路。想法转化思路，思路决定出路。想法决定一个人未来想走怎样的路，只要你的心有多宽广，梦想就会有多宽广。

什么样的想法会有什么样的做法，你就过什么样的生活。你的想法决定了你的言行和人生，决定了你是否是一个成功的人，决定了你的一切，因此，在追求成功的过程中想法是至关重要的，所以“改变想法，才能改变你的命运”。

渴求是学习力，行动是加速器

花儿渴望阳光，鸟儿渴望蓝天，鱼儿渴望清泉，同样每个人都渴望成功，渴望精彩的人生。这些渴求为我们奠定了未来坎坷的路途，也为我们奠定了未来生活的方向。渴求是前进路途上一首动人的歌曲，渴求是踏向人生征程的未来规划。而行动则是加速器，让我们更快地实现自己的目标。

青少年才刚刚跨出人生的一步，对未来的人生充满了希望和憧憬。正如每个人都希望成为伟人，而平凡是大多数人的命运。有人没有付出却想占有很多，结果是怨天尤人；有人付出了却收效甚微，于是自暴自弃，真正的智者，不怨天，也不怨人，也从不放弃。付出自然有收获，付出多，收获更多，付出少，收获只能很少；一分耕耘，一分收获。正所谓：知不足，然后进取。

一个年轻人去问苏格拉底，成功的秘诀是什么。苏格拉底要这个年轻人第二天早晨去河边见他。

第二天，他们见面了。苏格拉底让这个年轻人陪他一起向河里走。当河水没到他们的脖子时，苏格拉底趁这个年轻人没有注意，一下子把他推入水中。小伙子拼命挣扎，但苏格拉底很强壮，一直把小伙子按在水里，直到他奄奄一息时，苏格拉底才把他的头拉出水面，问他“在水里的时候，你最需要什么？”小伙子回答：“空气。”苏格拉底说：“这就是成功的秘诀，当你渴望成功的欲望就像你刚才需要空气的愿望那样强烈的时候，你就已经向成功迈出了第一步。”

当然仅仅迈出了成功的第一步是远远不够的，成功还需要行动。行动是加速器，有了强烈渴求成功的心态后，再加上行动，成功就会一步一步地靠近我们。

想到就做，这是成功的一大秘诀。

也许我们先天不足,但后天的勤奋可以弥补这一缺陷“笨鸟先飞”就是这个道理,空想家永远找不到自己的真正价值。要做,且比别人做得多,才会成功。通向成功的路是一片“苦海”,只有敢于泅渡的人才能修成正果,回头是多数人失败的主要原因。距离成功仅一步之遥了,你不再跨出,便与成功绝缘。

不要总喜欢前途平坦无阻,而要时刻准备去披荆斩棘。不要总说自己要成功,要付出行动,渴求是学习力,行动是加速器。两者缺一不可。

漫漫人生旅途,潮起潮落。而成功只偏袒有准备的人,一个人如果要获得成功,除了自身的天赋,机遇是最重要的——就是你不懈的努力,不停地奋斗。

时间在流逝,人也在成长。当青少年开始为自己的将来着想时,就已经在渴望实现梦想,渴望成功。每个人都喜欢看别人的成功之路,但别人的成功路是独特的,克隆别人的不会有真正的成功,想成功就得要有自己的想法,不要跟着别人走。怀着一份渴求的心态,在人生的道路上前进,让行动付诸于心中的梦想!

第八章 搭建梦想桥梁,敞开心扉的大门

梦想绝不是梦,但需要用智慧来搭建梦想与人生之间的桥梁,这样,青少年才能大胆地敞开心扉的大门!

用梦想打开智慧的大门,这需要勇气,需要大胆。如果只把梦想当作梦,那么这样的人生可以说没有什么亮点。梦想使人伟大,人的伟大就是把梦想作为目标来执着的追求!努力向上吧,星星就躲藏在你的灵魂深处;做一个悠远的梦吧,每个梦想都会超越你的目标。

让青春反抗老朽,让热情反抗陈腐,让未来反抗往昔,这是多么自然!青春年少,风华正茂的你,应该拥有一个梦想!

1.心中装着太多太多的梦

梦想就是创造,希望就是召唤,制造幻想就是促成现实。

——雨果

青少年朋友们,在小时候,每个人都有着好多好多的梦:梦想长大做一名科学家,梦想长大可以去月球,梦想有一天可以指挥千军万马,梦想自己长大当名警察,梦想有一天驾驶着自己的飞机,梦想自己拥有一家国际公司,梦想……大家的梦想是美好的,也都怀着这样的梦想在成长的道路上走来。无论那个梦想离现实有多遥远,对于那时幼稚的你们来说,那就是个美梦,是股力量,都希望长大让梦想成真。

人人都有太多太多的梦

人降临到这个世界上的那一刻起,就有了梦想。从哇哇大哭梦想自己可以说话走路开始,脑子里就已经堆积了很多很多的梦。不论这个梦是大是小,是否实现了,它都在给人们的生活增色添彩,在照亮人生的旅途。梦,就是人们生活的动力,而梦又无时不存在着。

走在这茫茫人海里，每个人都在为自己心中的那个梦而奔波。一个露宿街头的乞丐，梦想明天自己可以有座房子，哪怕是个破房，只要能挡风遮雨就行；一个时不时做点坏事的流浪儿，多么想自己有一个温暖的家，哪怕爸爸妈妈不爱他，只要有“家”的概念就行；一个患小儿麻痹症的男子汉，多想明天一觉醒来跟正常人一样，哪怕，只要可以行走就行；一个天天在外摆摊的小贩，多想自己有个正规的工作，哪怕工资不太乐观，只要天天不用过躲避的日子就行……芸芸众生，生活不同，梦想不同，但相同的是心中都有很多个梦。

有一天，一位牧羊人带着两个孩子在山坡上放羊。突然，一群大雁鸣叫着从他们头顶上飞过，并很快消失在远方。这时，牧羊人的小儿子问道：“大雁要往哪里飞呢？”牧羊人说：“它们要去一个温暖的地方度过寒冬。”大儿子则眨着眼睛羡慕地说：“要是我也能像大雁那样飞起来就好了。”小儿子也说：“要是能做一只会飞的大雁该多好啊！”

牧羊人沉默了一会儿，然后对两个儿子说：“只要你们想，你们也能飞起来。”两个孩子像大雁一样，张开胳膊在山坡试着飞起来，可是却没能飞起来。这时，牧羊人肯定地说：“你们还小，只要不断努力，将来就一定能飞起来，去想去的地方。”

两个儿子牢牢记住了父亲的话，并一直努力着，等他们长大——哥哥36岁，弟弟32岁时——他们果然飞起来了，因为他们发明了飞机。这两个人就是美国的莱特兄弟。

莱特兄弟的飞翔梦，相信大家也曾梦想过。人人都有太多太多的梦。无论是名人还是明星，他们都与普通人一样，也有着梦的世界，梦想自己可以成名，梦想自己可以管理国家，梦想自己可以成为好莱坞巨星，梦想自己可以周游世界……不错，这样的梦想辉煌而璀璨。可是，这个梦，人人都不敢想的梦，人人又都想去追求的梦。

作为众生中的一员，作为奋发向上的青少年，你们也有着自己生活中的梦想，梦想自己可以成为班级里“Number One”，甚至全校、全区、全市、全省、全国的“First”；梦想自己可以考上最好的高中、名牌的大学，再拿上一流的、人人羡慕的学位证；梦想自己可以开家公司，指挥千军万马，甚至可以进入全球500强；梦想自己……青少年的你们，也有着这么多或大或小、或远或近的梦想。这些梦想能否成真，关键在于你是怎样去对待。

梦想，不是个梦，是人生中的一个目标。这些太多太多的梦，是对人生的一种追求，对自己欲望的满足。心中太多的梦，也许可以使你成为名人、伟人，也许还可以让你望而却之。作为当今朝气蓬勃的青少年，为自己心中那个梦想去奋斗，去拼搏吧！它就像一团火，在你心中熊熊燃烧，来激起你对生命的热爱，对生活的追求。

学会把梦想交给自己

梦想可以很多，但要学会把握；梦想可以很远，但要学会坚持；梦想可以很大，但要学会牢记；梦想可以很小，但要学会不满足，因为还有更多的梦等着你去实现。学会把梦想交给自己，心中的那个梦离实现就不远了。

在生活中，有很多人经常对别人大谈自己的梦想，甚至把自己的那个梦托付给别人，“若得不到你的帮助，我就完了”、“你那么厉害，完全可以帮我完成”……似乎那个梦不是自己的。这样的做法是非常可怕的，即使那个梦实现了，可自己的那段人生不就空虚了吗？把梦想握在自己的手中，就是在握自己的命脉。

NBA 小巨人博格斯从小就酷爱篮球，几乎天天可以看到他在篮球场上的影子，当时他的梦想就是有一天可以打 NBA。对于身高只有 160 厘米的博格斯，在东方人眼里都已算是个矮子了，更不用说身材高大的 NBA 了。

然而，为了实现自己的梦想，他拼命苦练。他睡觉抱着球，出门带着球，即使是去倒垃圾，也是左手拎垃圾袋，右手运球，结果把垃圾搞得到处都是，父亲骂他，邻居也笑话他，可这都无济于事，他照样我行我素。

第 10 届世界锦标赛后，博格斯成了明星，成了人们围观的对象，只要他在哪儿出现，哪儿就有疯狂的人群。博格斯不仅是现在 NBA 里最矮的球员，也是 NBA 表现最杰出，失误最少的后卫之一，不仅控球一流，远投神准，甚至在高个队员面前带球上篮也毫无畏惧。

NBA 小巨人博格斯的梦想实现了，因为他一直把梦想交给自己，让梦想在现实中展翅高飞，梦想一旦被付诸行动，就会变得神圣。

名人之所以可以成为名人，是因为他们可以把自己的梦想交给自己。作为青少年，握住自己心中的那个梦想，不论这个梦想是大是小，是远是近，都要让自己来完成，这才是人生。梦想可以有很多，但不可以不会把握。不会把握的人，有再多的梦想，那也只是空想。

2.有梦想离成功更近一步

我宁可做人类中有梦想和有完成梦想的愿望的最渺小的人，不愿做一个最伟大却没有梦想和愿望的人。

——纪伯伦

每个人都有很多的梦想，甚至是幻想，这并不是不好。幻想、梦想，是成功的开始，是一个人有所作为的开始。作为新世纪的青少年，拥有梦想是你们人生跑道上的助推器，是走向成功的开始。正所谓有梦想才有作为。

有梦想才会成功

青春期，是青少年接受新事物的最佳时期，也是他们渴望成功的冲动时期。梦想对于他们而言，似乎是遥远的，又似乎近在眼前。因为，心中的那个梦想一直是他们奋斗的“加速器”。

成功，每个人都想达到，同时也是每个人心中最崇高的梦想。古今中外，无人不在时时刻刻做着成功的梦想。学子梦想着取得优异的学习成绩；贫民梦想着有一天过上富裕的小资生活……有了这种想法，敢于去想，才是勇者。生活中，还存在着许多不知什么是梦想的人，这样的人更可悲，与成功可以说是遥遥相望。没有想法，没有动力，何来灿烂的人生，惬意的生活？

美国著名影星施瓦辛格曾用自己亲身的经历，向清华学子“面对面”谈自己的梦想，并说明梦想的重要性。小时候，体弱多病的他，梦想自己可以成为世界级举重冠军，听起来也许很可笑，但是他做到了。最初，他常受到一些人的嘲讽和质疑，可他在练后铸就了一副强壮的身板，并实现了自己的梦想。而在随后的从影、从政过程中，外界的质疑也从未中断过，可他没有动摇，最后还是将梦想一个个地变成了现实。

最后，施瓦辛格深有感触地对清华学子说到：“不管你是否受过短暂的挫折和失败，只要你坚持自己的梦想，就一定会成功！”

确实如此，有梦想才会成功，天上永远不会掉馅饼，只有自己奋斗，才能得到又大又香的馅饼。在现实生活中，人们总是说，很多事情是想起来容易做起来难，最终能够获得成功的人成了凤毛麟角。的确，脑子中那些梦想不是说出来就成功了，而是需要靠科学的方法、自信、坚持、耐心、坚韧不拔、纪律、诚信、勤劳等等因素来实现的。要想把自己的梦想转化为现实,转化为成功,并不是那么容易的。

现在,很多青少年在自己的梦想和理想面前,总是显得那么迷茫。尤其是,当经过了很多努力的时候,依然还没看到成功的希望,那时他们的思维不免深陷在疑惑的沼泽中:我能成功吗?什么时候可以成功?在这一连串疑问的后面,紧跟着的是怀疑和松懈。于是,放弃的心思,就如小草一样在原本不算肥沃的心田吞噬着仅存的养分;于是,他们便随波逐流,随遇而安。殊不知,哀莫大于心死。当梦想的火炬熄灭、激越的心灵被蒙上厚厚的尘灰的时候,成功,也就真的永永远远地离你们而去了。这时候,更无须谈什么成功了,只有空虚和哀叹。

其实,成功离我们并不遥远,只不过有了梦想的你,离成功更近一步,甚至是近在咫尺,伸手可及。但是,放弃了梦想,就等于是放弃了全部,包括人生。青少年,请你们永远也别放弃对成功梦想的追求!梦想是心灵的翅膀。没有翅膀的心灵是孤寂的。只有梦想才能把我们从平庸的生活中解救出来,去接近神圣。上天给了我们情感,我们要心怀希望,感受欢乐。我们为希望而生,我们为梦想而活!

有梦想才有作为,做最好的自己

梦想,是人们在奋斗的道路上编织的美梦。有了这个美梦,人们才可以做最好的自己。因为他们有了方向,有了目标,知道自己该干什么,下一步又该做什么。

一个没有梦想的人,无须谈什么人生的奋斗,人生的追求,更不要说什么成功;一个时刻编织着自己美梦的人,他的人生是灿烂的,是辉煌的,是时刻散发出光芒的,可以说,他已经拥有了一半的成功机会。

有一条小毛虫,在一个晚上做了一个梦,梦见自己爬到了一个山顶上,在那里看到了整个世界。早上,太阳升起的时候,小毛虫朝着那个方向缓慢地爬行着。

一路上,它遇到了蜘蛛、鼹鼠、青蛙和花朵,它们都用着同样的口吻劝小毛虫放弃这个打算。但小毛虫带着这个梦想,怀着这个信念,始终坚持着向前爬行……终于,小毛虫筋疲力尽,累得快要支持不住了。于是,它决定停下来休息,并用自己仅有的一点力气建成一个休息的小窝——蛹。

最后，小毛虫"死"了。所有的动物都来瞻仰小毛虫的遗体，突然，大家惊奇地看到，小毛虫贝壳状的蛹开始绽裂，一只美丽的蝴蝶出现在他们面前。美丽的蝴蝶翩翩飞到了大山顶上，重生的小毛虫终于实现了自己的梦想……

这个美丽感人的传说，在向人们诉说一个人生哲理：人活在世界上，不能没有梦想，没有梦想的人生是空白的；为了自己的那个梦想，就要付出比常人更艰辛的努力，这样的人生才完美。

我国著名的文学大师林语堂，说："梦想无论怎样模糊，总潜伏在我们心底，使我们的心境永远得不到宁静，直到这些梦想成为事实为止。"他把梦想和行动看作了是实现人生价值的阶梯。正所谓人们常说的，有梦想才能有作为，有行动才能有成功。

每个人都有自己的人生，无论是贫穷的，或是显赫的；无论是幸福的，或是凄苦的。在这段生命的历程中，唯一相同的就是每个人都怀着对未来的美好憧憬，对人生理想的追求和向往。青少年们，为了你们的梦想，开始行动吧！

3.欲望放飞人生的梦想

只要我们能梦想，我们就能实现；只要我们对梦想报以极大的欲望，欲望便可提升实现梦想的那股热忱。

——题记

人的一生中有很多选择的机会，包括选择自己的梦想。而这些又会或多或少地影响着我们的人生，每一个选择都是人们潜意识里使自己满意的那个结果。那就是我们常说的欲望。它是想得到某种东西或想达到某种目的的要求。而人们要达到自己的梦想，就需要欲望这个发动机的启动。总而言之，梦想是欲望的载体，欲望是梦想的发动机。

青春期，是青少年欲望的旺盛时期。成长中的他们，对周围世界的好奇，激起了他们心中无数个梦想。而这些梦想，需要借助欲望的动力去实现。

欲望、人生与梦想

提到欲望，人们不禁问到：欲望是什么？有人说欲望就是人生，有人说欲望就是梦想,有人说欲望就是一种捉摸不透的意志。不管它是什么,它就是燃烧人生激情的火把。

有一个乞丐,在凄冷的黑夜中行走着,饥饿、寒冷、倦意侵袭着他。当他经过一个餐厅的时候,看着里面吃得正香的人们,嘴不自觉地动了动,这时他想如果有一块面包多好啊;当他经过一个宾馆的时候,这时他想如果有一张床就够了。想着想着,就走到了一个路灯的下面,他看着对面万家灯火的豪宅,心里有了一间房子的欲望。面包、床、房子,对于他而言,是一个梦想。这时,他的心中就像海浪翻滚着,浑身充满了力量,他对自己说:“为了我的面包、床、房子,我要去工作,不再过流浪的生活。”几年之后,他在路灯的对面买下了自己的一栋豪宅。

乞丐希望每天多点人的施舍,打工仔希望能多拿点工钱,企业希望多赚钱,从政的希望能升官,明星希望天天有粉丝追捧……其实,人都有着不同的欲望。

德国著名哲学家叔本华说:“人生就是一种欲望,当这种欲望得不到满足时,就变成了一种痛苦;当欲望得到满足时,就变成了一种无聊。所以,人生就是在痛苦和无聊之中挣扎。”由此可见,欲望是不可忽视的。

青少年面对着繁华的世界,喧闹的人群,激烈的竞争氛围,心中是无法平静下去的。因为他们的好奇,会在心中形成无数个或好或坏的欲望。有欲望,不是不好,是很好,这是激发他们学习、生活、实现梦想的动力。怕的就是,懵懂的他们分不清欲望的好坏,因为世界是复杂的。在欲望面前,保持好清醒的大脑,有着明智的抉择,是很重要的。因为欲望、梦想,在造就着他们的人生。

欲望分很多种,人们一般把胜利者的欲望描绘成理想的蓝图成功的基石,却把失败者的欲望勾勒成野心和阴谋,于是生命在欲望中诞生,又在欲望中消逝。

每个人都有自己内心的欲望与梦想,这也是积极人生态度的具体表现。因为心中有了欲望和梦想,所以我们才去不懈的追求,因为心中有了梦想,所以我们感觉追求的过程是快乐的。欲望不仅是动机,它还一直充满着实践的全过程,因此欲望在于动机、过程、结果的高度统一。生命就是一团欲望,欲望的过程构成了人生,欲望的结果则成了人生观,生命因此就在欲望中冲击、调和、飞升。

人生不可以没有欲望，人生不可以没有梦想，人生不可以没有追求，人生不可以没有激情。生活给予了我们意想不到的幸运与不幸，对于未来，无论前方的路有多少坎坷和磨难，我们都要勇往直前地去追求，幸运和不幸都是一首耐听的歌。处于学习时期的你们，难免遇到些暂时的困难，可这些挡不住你们奋发向上的人生追求。

欲望是梦想的发动机

欲望是梦想的发动机，是走向成功的加速器。而成功，首先是需要想象出来的，这就形成了成功的梦想，继而就有了实现梦想的欲望。处于成长中的青少年，你们何尝不想迈向成功的巅峰，何尝不想让自己的梦想成真？而这些就是让你们行动起来的欲望。

回过头来，看看这些成功人士的道路和人生感悟，就明白欲望对成功来说，起着多么重要的作用。无论是纵横商海里的商人，还是演艺界里的大腕，他们都对成功有着特殊地看待，这种看待就像一团燃烧中欲望之火。

有一位年轻人，29岁就已经拥有了几千万的资产。一位记者曾采访他，问到："在你成功的道路上，你是怎样看待它的？"这位成功人士笑了笑说："从我拥有成功这个梦想开始，我就把它看得像自己的腿、像自己的心脏一样重要。只有这样，才可以让欲望之火燃烧得更有激情，奋斗的毅力才会更坚定。"记者被他的话震撼了。在人的道路上，只有把心中的梦想看得如生命一样重要时，无论是什么事情，我们都可以做到的。

的确，人生在世，把自己的事业、自己的梦想看得比呼吸还要重要，这是成功者火一般强烈的成功欲望。他们可以停止呼吸，但不可以停止思考如何去成就他们的事业，去实现他们的梦想。当一个人拥有强烈的成功欲望时，就会把心中的意念时刻集中在一个目标上。世界上不管什么事情，只要大家长期专注在上面，就能获得成功。

这些名人之所以能够成功，是因为他们知道，一个人即使没有能力、没有资金、没有人际关系、没读过大学，没有任何的资源，只要心中燃烧着成功的欲望之火，就一定能想出办法来，变弱势为强势，变没有资源为最大的资源，变不可能为可能。这种强烈的成功欲望，是什么也阻挡不了的。

亲爱的青少年，考上重点高中、名牌大学，是你们每一个人的梦想。而这个梦想需要心中的欲望来启动，来激起那股拼搏奋斗的动力。假如你们没有实现梦想的决心和勇气，没有排除万难、决不气馁的精神与坚定的信念，没有疯狂得不可思议的目标，没有成功的炽热欲望，即使给你们一千种方法、一万条道路，都是没有用的。你们依然会找出一万零一个借口，来证明自己不会成功。

有名人说，如果说成功等于欲望加方法，那么欲望则占 100%，而方法，只是强烈的成功欲望所派生出来的产物。亲爱的青少年朋友，欲望就像火焰，它可以熔化整个世界；欲望就像火箭，它能够把你快速送达目的地；欲望就像装在体内的发动机，让你的梦想装满油——全速起飞！

4.梦想离我们并不远

很难说什么是办不到的事情，因为昨天的梦想可以是今天的希望，并且还可以成为明天的现实。

——罗伯特

梦想不是随便说出来的，不是凭空想象的，更不是虚幻的。梦想，是追求人生更高境界的一种动力，是为了明天的希望而奋斗的一个目标。你的梦想可以无限地大，也可以对于暂时的你来说，是遥不可及的。它是否虚幻，都取决于人们怎样去看待，怎样去理智地拥有。正如罗伯特所说，昨天的梦想就可以是今天的希望，并且还可以成为明天的现实。

梦想离现实有多远

每个人都爱做梦，把希望自己太多太多的梦想寄托自己的梦乡里去。梦醒了，梦想也就没了，儿时的人们总认为梦想是虚幻的，这一切都犹如一个个气泡，也只局限于那一个个看似漂亮的五彩的气泡。气泡徐徐地升起、消失，这美的画面在一时间呈现，是真的。可是，徐徐升起的气泡会破灭，会消失。

一个 10 岁的青少年因为考试不及格被老师留下了，老师给他大谈人生的梦想。这时，他问他的老师：梦想离现实有多远？他老师回答道：这是人人都想急需得到的答案。当一个人有了梦想，时刻地为这个梦想奋斗拼搏，直至梦想成真，答案就是——梦想离现实近在咫尺；当一个人有了自己伟大的梦想，却迟迟不见行动，只见大肆地吹捧梦想的辉煌场景，直至梦想破灭，答案就是——梦想离现实相差甚远。不同的人不同的梦想,有着不同的结果。这个青少年听了老师的话,明白了其中的道理,带着自己的梦想不断奋斗拼搏着。

每一个梦想的破灭都是人生的一种体验,是成长路上留下的痕迹。如今的青少年,都满怀着梦想和抱负。但是,很多人却总认为自己的梦想是气泡,瞬间就会消失,与现实远隔千里。这样的想法是不对的,你们需要有一对挺拔的翅膀,一对能带着梦想尽情翱翔于无尽的天空的翅膀,因为只有一对有力的翅膀才能让你们飞得更高更远,离梦想更近一步。

也许,年少的你们一直在努力地编织着属于自己的那个梦,有过追求,有过欣喜,有过失落,但始终都无怨无悔。有许多已经破灭了,但还有更多的梦等着你们去实现,去完成。只有坚信自己的信念,这个梦想就会永远属于你。

也许,你们会说我们一直在寻找可以让梦起飞的地方。一架飞不上天的飞机永远只是一具模型,藏在心里的梦再完美也只是虚空,我们要的是一块安静的土地,一片纯净的天空,可以种下我们的心愿,放飞我们的梦想。的确,找到梦想起飞的地方不容易,何时可以找到,今生能否找到,没有人可以给你一个确定的答案。

人一生中,活着不就为自己的那点追求在忙碌奔波吗?用我们一生的时间坚持不懈地去找,全心地去找,即使我们找不到,我们的人生也不会存有遗憾了。没有人不想让自己的梦想飞在蓝色的天空上,飞到海和天的交界处……虽然人生中有许多梦想都不可能成为现实,但是,想象着有那样美好的一天到来,对现在所做的一切,我们也会无怨无悔。因为我们知道,没有梦想就一定不会成功。

梦不是一瞬间可以“做”出来的,是要用自己的心去慢慢编织的,是用自己的汗水去浇灌的,是用自己的毅力去支撑的。梦不是断了线的风筝,梦是实实在在地握在我们自己手心中的。梦想不是虚幻的,是属于我们自己的。

梦想、行动与现实

梦想是什么?是一种渴望,是一种期待。每个人都有属于自己梦想的舞台,相信自己,用行动证明自己,梦想就会靠近现实。有人曾把梦想比喻为一艘小船,用力划桨,小船才会飘动,离岸的距离才会越来越近。梦想,需要靠行动架起桥梁才可接近于现实。

有位名人说:梦想是人类生活中的一种调味剂,让灵魂不会在沙漠里枯萎。人类因梦想而伟大。梦想不是人们想象的那么遥不可及。其实,梦想与现实的距离只相隔一层纸。人类不也飞上了月球?不是也在现实当中有哥伦布环绕着地球航行了一圈?梦想的实现,离不开行动。这些伟大的梦想,之所以可以一一兑现,是因为人们抓住了它,懂得用自己的行动去征服它。

生理学和医学诺贝尔奖获得者巴雷尼,小时候因病成了残疾,给生活带来了很大的不便,其母亲很受打击。这时候的他,就梦想自己一定要考上最好的医科大学。

刚开始,孩子时的他不能从内心接受残疾这个残酷的现实。这时,坚强的母亲就时刻给他鼓励和帮助,时刻告诉他,说:“孩子,你是个有志气的人,妈妈相信你,希望你能用自己的双腿,在人生的道路上勇敢地走下去!”母亲的话,像铁锤一样撞击着巴雷尼的心扉,他“哇”的一声,扑到母亲怀里大哭起来。

从那以后,巴雷尼就怀着这个梦想和妈妈的话,开始了自己的人生。对于他来说,第一步就是要行动起来。每天早上,巴雷尼起来练习走路,做体操,还不忘记学习。就这样,在妈妈的帮助下,他战胜了残疾带来的不便,经受住了命运给他的严酷打击。最后,他用自己的行动和汗水换来了维也纳大学医学院的通知书。

他实现了他的梦想,他发现梦想其实离自己并不远。在以后的人生道路上,他并没有停止努力,而是用全部精力,致力于耳科神经学的研究。最后,终于登上了诺贝尔生理学和医学奖的领奖台。

他的故事告诉我们什么?还处于在梦想迷途中的青少年们,现实与梦想的距离,并不是简单固定的一种距离,他像一根有弹性的绳子,从这一头到另一头可远也可近。行动才会使梦想与现实的距离一点点转化为零。

生活中,梦想并不是人们想象的那么虚幻。其实,它与现实是那么近,近得只要一个动作,一丁点的积极想法,就可以决定了它们距离的遥远程度。

作为当今的青少年,一定要有自己的梦想,自己的追求。殊不知,没有梦想的人生是多么空虚,没有梦想的生活是多么的无趣,没有梦想的世界是多么空洞。梦想不是凭空地想象和勾画,是需要付诸行动和汗水的,是需要靠智慧赢取的。

5.奋斗，搭起人生与梦想的桥梁

人应该怎样活着？对于这个不再新鲜的话题，许多志士仁人都曾经回答得十分洪亮和铿锵有力，并且他们的答案也是出奇的一致，那就是：奋斗。歌德说过这样一句话："只有这样的人才配生活和自由，假如他每天为之而奋斗。"对于青少年来说，奋斗也是贯穿你们一生的事情，且不说是为了报效祖国之类的话，仅从自己有限的人生来讲，每个青少年就责无旁贷。

青少年正拥有着蓬勃的青春，这好比拥有资源丰富的宝藏，只要努力开掘，就能发掘无数珍宝，相反只能拥有一片荒地。正如李大钊说的："青年之文明，奋斗之文明，也与境遇奋斗，与时代奋斗，与经验奋斗。故青年者，人生之玉，人生之春，人生之华也。"

人生就是奋斗

有人说：人生像诗，像画，像梦；有人说：人生像云、像雾、像风；也有人说：人生是信任、是理解、是忠诚……然而，人生更是探索、是进取、是奋斗。只有奋斗的人生才是真正的人生！

生活中的每个人都有自己的座右铭，有的写在纸上，有的铭刻在心中，而年轻人的座右铭应该是"永远在追求之中"，追求自己向往的理想——人生奋斗的目标。人生是有限的，如何顺利达到目标，仅仅依靠蛮干是行不通的，还得依靠一定的谋略。一个善于奋斗的人，往往把奋斗途径规划放在首位，选择好则事半功倍，选择不好则事倍功半。其实，无论是咿咿呀呀学语，还是上学求知，无不留下了我们奋斗的足迹。生病的时候，我们得与疾病作斗争，健康的时候，我们得为生存、为前途奋斗。这是摆在我们每个人的面前无可回避的问题。

作家海伦·凯勒，一位自强不息的伟大女性。在她 19 个月大的时候，一场突如其来的怪病，改变了她的一生。病愈后，她失去了听力和视力，由于当时还太小，所以开口说话的能力也渐渐消退。人们实在无法想象，这样一个集聋、哑、瞎于一身的女孩，如何面对她以后的人生。然而，海伦·凯勒却用她的自强不息给全世界的人们都上了生动的一课。在她和蔼可亲的家庭教师——安利·沙利文的耐心指导和教育下，她克服了常人难以想象的重重困难,不仅学会了说话和写作,与人沟通和交流,还渐渐有了自己对人生的理解,最终在世界名校美国拉德克利夫学院毕业。在医学的年鉴上,海伦是第一个学会语言交流的盲聋哑儿童。

长大后的海伦开始致力于盲人的教育工作,她一生创作了大量作品,共有十四部著作,处女作《我的生活》一经发表便在美国引起了巨大轰动,甚至被称为"世界文学史上无与伦比的杰作"。1959 年,联合国还专门设立了"海伦·凯勒国际奖",1964 年,又为她颁发"美国总统自由奖章"。海伦用她的实际行动向全世界人民证明了她的成功,赢得了所有人的尊敬。

海伦·凯勒一生中都在奋斗着,她要让自己的人生活得有价值、有意义。当前青少年的学习就是一种奋斗,为将来事业的兴盛奠定基础的奋斗。青少年要想取得成绩,就必须努力奋斗,要有"读万卷书,行万里路"的奋斗思想。而成功与失败总是如影随形的,成功是在历经无数失败后才获得的。

西谚里说过:"年轻的本钱,就是有时间去失败第二次"。青少年拥有了人生最大本钱,有何理由不去奋斗呢?对你们来说,人生才刚刚起步,而敢打敢拼才是最佳的选择。相反,如果一个人终日无所事事,不去奋斗,没有追求,就会停滞不前,而人类社会的长河总是滚滚向前奔腾着,正所谓逆水行舟不进则退,不去奋斗的人势必会落后于时代,会遭到社会的淘汰。

"人生就是奋斗",虽然不是每一个人都会成功,但只要努力奋斗过,不论成功与否,我们的人生就是无憾的人生。

敢于奋斗,更要善于奋斗

理想,是人才成长的灯塔;立志,是人才成长的阶梯;奋斗,是人才成长的道路。生命有着起点,奋斗有着开端;生命有着尽头,奋斗没有终点。劈开荆棘蒺藜,无视艰难险阻,永不停息,勇往直前!目标一旦确立,就应该为之奋斗不息,而不是知足常乐,知足就是止步不进,就是自甘落后。

作为一个敢于奋斗的人,首先要学会独立,不要任何事情都指望别人给你扶持和施舍,那是懦弱和无能的表现。

吴言 12 岁的时候,第一次去 9 公里以外的一所中学读书。除去沿途崎岖不平的山路不说,仅这 9 公里的距离就让父母放心不下。因此父母准备送孩子去学校,可在临走前,70 多岁的爷爷一脸严肃地说:"言言都这么大了,现在还不学会独立、自己奋斗,那他以后的人生路你们是不是也要替他走了？”吴言听了这句话非常气愤，于是一赌气就独自去了学校……随着吴言一天天长大，学校与家的距离也越来越远，他渐渐明白了爷爷的良苦用心。所以，不论背井离乡的日子多么艰辛，也不论学习多么困难，他都把爷爷说的“人生要自己去奋斗”铭记在心，直到最后成为村子里第四个大学生，在独立的天空恣意挥洒人生。

敢于奋斗的人绝不是死打硬闯。尽管人们平时讲奋斗需要一股拼劲，但有时候还得灵活变通。就像两只爬墙的蚂蚁，第一只选择了一堵坡度很大的墙面，结果它总是爬到一半的时候就掉下来，最终只能面对着墙独自遗憾了；而另一只蚂蚁则选择了一堵坡度较小的墙面，虽说离目的地有点远，却顺利爬了上去。现实生活也是一样，在选择自己奋斗方式时，要仔细分析自己的优势和劣势，根据自己的实际情况选择最佳的奋斗途径。

“人生就是奋斗”，这句话既带有总结，又带有激励。在漫长而又短暂的人生路上，不能懒散，不能随波逐流，必须永不停歇地奋勇前行。只要不断去拼搏，总有一天会成功的，即使没有达到理想的目标，你也是成功的。诗人汪国真曾说过：“也许你永远达不到那个目标，但因为这一路风风雨雨，使你的人生变得灿烂无比，变得充实无比。”因此，每个立志成才的人必须脚踏实地、一步一个脚印地艰苦奋斗。理想属于明天，现实属于今天，开辟一条到理想境界的道路，要靠辛勤劳动、艰苦奋斗，是使事业获得成功的一条普遍规律。

“不经历风雨，怎能见彩虹”，这句歌词唱出了人生的真谛。作为一个敢于奋斗的人，还要学会迎接任何挫折和失败，并善于从失败中汲取教训继续前进，做到“吃一堑、长一智”。没有谁的一生会是一帆风顺的，每个人都难免会遇到一些暴风雨，这时就要学会在困难面前学会在困难面前披荆斩棘，通过不断地磨难，人才会愈加坚强。

青少年朋友们，青春属于你，激情属于你，你拥有明天，但是明天如此的短暂，短暂到百年弹指，人生如梦，过眼云烟，若要此生不虚度，何以？惟奋斗而已。人在少年时期，除了受父母的保护，师友的指导外，就得与寒暑奋斗，与疾病奋斗，若家境贫寒，就得与生活奋斗。不在于时间上的多少，只在于你付出多少激情。一分钟不算少，只要时刻保持激情的火焰，你的奋斗就得到了升华。奋斗永无止境！奋斗是所有中学生应有的品质！

6.给自己建造一座人生的灯塔

梦想是建造在云端的高塔，塔顶有一盏实现梦想的灯，如果你朝着灯塔攀登为梦想不懈努力，那盏灯就会被燃亮、梦想成真！

——题记

有人曾把人生比作汪洋上的一次航行，那梦想便是掌舵者用心灵在远方建造的灯塔，无论前途多么艰险迷茫，它都会为其指明方向，最终使其登临彼岸。没有梦想的人生不是人生，因为人们没有生活的目标。有梦想才有了奋斗的目标，才会不懈的努力付出向目标前进，才会创造出灿烂的人生。

梦想，指引人生的灯塔

曾在一个中学生的作文上看到：梦想，是伫立在夜雾茫茫的大海上的一座灯塔，若隐若现，时明时暗，照着我们的人生航程。梦想，人生的灯塔。在人生中，没有一座灯塔来为我们的生活指引前行，那样的生活好可怕，迷茫、恐慌。

青春年代，你们踏着青春的步伐一路走来。而生命，以不断出发的姿势得到重生。为某些只有自己才能感知的来自内心的召唤，走在寻找梦想的路上，无法停息。

美国总统林肯曾说过：自然界里的温泉的高度不会超过它的源头，一个人最终能取得的成就不会超过他的梦想。的确如此，如果在青春的路途中，没有梦想为大家指引前行，那你们就犹如从树上飘落下来的最后一片枯叶。在西风残照中孤零零地漫无目的地乱舞，又何谈走得远，飞得高呢？一个没有梦想的人生，前途是渺茫的，如茫茫大海上的一艘没有航标的小船，漫无目的。

处于青春岁月的你们，还懵懵懂懂的。在这繁华的世界里，你们容易被日常生活的忙碌所捆绑住，让那些无数细小而琐碎的事情，扰乱了双眼，模糊了视线，凝滞了前进的脚步，绊住刚刚起步的人生。这样没有远大梦想导航的生活，没滋没味，空白的如张白纸。

对于你们来说，拥有太多五彩斑斓的青春，是上天的一种恩赐，也是自己争取所得的结果。可是，其中难免会有破灭的伤痛，然而它并非是阻碍你们前进的障碍。它让你们学会面对,面对人生的不如意。生活之路不会永远平坦,穿梭其间的曲折坎坷要你们自己走下去。在青春飞扬的日子里,经历一场由幼稚到成熟的蜕变,纵然会有疼痛和伤感,可要坚持走下去,走在寻找梦想的路上。因为青春是生命中的淡淡柠檬草,心酸里有芬芳的味道。

法国作家罗曼·罗兰说过:人生应有两盏灯,一盏是希望之灯,一盏是理想之灯。青春年少的你们,就让这两盏灯指引你们前行吧。否则,你们的生活永远不会有变化,你们永远也不可能变成某种崭新的东西。你们也将被无边无际的黑暗湮没向上的渴望,被漫无边际的绝望封锁萌动的激情。在阴霾与麻木中迷失方向,亲手葬送掉自己的青春。青春时代的你们,不能为一时的曲折阴霾而停滞行走的脚步。要用梦想充实明天的行囊,走出一条属于自己风采的人生之路!

梦想,人生的灯塔,在人生的道路上指引着你们前行!

梦想的灯塔,是自己建的

很多青少年问这样一个问题:梦想就真的不能那么容易实现吗?对,梦想不是随便达到的目标。在人的一生中,只有经历种种磨难后,才会明白成功的艰辛,梦想实现后的那种甜甜的滋味。人们才会懂得倍加珍惜,才会不断奋斗!明天不一定会更好,但是更好的明天一定会到来!你们还年轻,未来的日子还很长,你们的成功其实只差一步之遥,你们的梦想就在前方等着你们!

你们要记住:失败并不可怕,只是我们还没爬到成功的塔顶,还没有点燃我们的梦想之灯。那么,我们所要做的就是,继续向上爬,勇往直前地去点燃梦想的灯!在生活中,同学们不必和别人比高低,更不必瞧不起自己。既然你们是一个完整的生命,就应该拥有自己生命的辉煌。但是,那辉煌不是别人给予的,而是自己创造的。

有这样一个感人的故事:一个山区的女孩子,为了可以走出大山,为了实现自己走上教师讲台的梦想,经历了一段辛酸的路程。她就叫王雪。

从小就长在贫困山洼里的王雪,天天盼望自己可以长大,背上书包去读书。可是,就在她终于盼到了上学的年龄,就在她背着书包准备迈出家门的那一刻,她被母亲挡在了门口,这深深地伤害了她幼小的心灵。

但是,小王雪不气馁,流着泪一再苦苦哀求。母亲心软了,终于答应让女儿去上学了！她就用这个梦想一直在支持着自己，支持自己说服母亲的想法。

从这以后，小小的王雪第一次尝到了人生的艰辛。她每天要起得早早的,走40多公里的山路。陪伴她的,是她亲手缝制的布书包,还有那本十几个人用过的珍贵的旧课本。坐在稻草捆上,用着泥土制成的小桌,王雪感到无比的温暖。当她拿出那本旧课本时,几个小伙伴争先恐后地向她借。可是,每个都是小心翼翼地拿起来翻看,又小心翼翼地送还给她。

就这样,她珍惜上课的每一分每一秒,记住老师上课说过的每一句话。冬天的天气总是特别冷,外面的雪花像鹅毛一般飘落下来。坐在教室里,王雪的小脸冻得发紫,浑身冷得直打哆嗦,手中始终紧攥着一枝不如小拇指长的铅笔头,认真地抄写着老师在"黑板"上写下的每一个字！她的刻苦和艰辛,她的汗水、泪水,绽放出一个又一个生命之花。她用为自己的坚持和信念,为自己建立了一座指引人生的灯塔——梦想！

无论你是城市的孩子,还是农村的孩子;是家境富有的孩子,还是家境贫困的孩子;无论是身体健康,还是身有残障,只要你拥有梦想和行动,你就一定能像下王雪那样,怀着心中的梦想,去登上自己心中的"顶峰"。

你们人生巅峰的高度，取决于你自己心中目标的高度；人生价值的大小,不取决于分数,不取决于别人如何看待你,而是要用你的梦想和行动去衡量。

7.让想象为理想插上翅膀

在我们身边会经常听到这样一句话:"不怕做不到,就怕想不到。"想象是人生来就有的天赋,是不可预测的,但人类又不能不去想象,古时人们要飞鸽传书、烽火连天,如今有了网络,有了E-mail,这都离不开人们的想象力,要实现心中的梦想离不开丰富想象。

通常情况下，人类许多奇妙的新观念和主意常常是由想象的火花首先点燃,然后运用某种手段,再加上不懈地努力去实施,以一颗持久的心去面对,终得所愿,实现自己的目标,这就是理想。想象与理想是感性与理性的化身,想象能给科学以灵感和启迪,理想是科学前进的动力,只要有想象的光芒照耀,人们就会遇事百折不回,最终达到目标。

想象力是人类创新的源泉

爱因斯坦曾经说过:“想象力比知识更重要,因为知识是有限的,而想象力概括世界上的一切,推动着进步,并且是知识进化的源泉。”由此可见,想象力是智力结构中一个富有创造性的因素。加强想象力的培养,是培养学生创新精神、成就理想的一条重要途径。

英国一名穷学生成立网上广告版,他以1美元1像素的价钱卖出栏位供人宣传,结果短短四个月就将自己设计的网页格子全部售出,一跃成为百万富翁。后来,这位“神奇小子”又有新创意,方法依旧,但广告价钱上升一倍,但是浏览者有机会中奖100万美元。据了解,这位“穷学生”从小就有很多精灵古怪的想法。他的这种奇思异想让他成为一个知名人士。有时候,奇思异想是一种特有的生存智慧,处处能产生出奇制胜的效果。

可见,创新需要奇思异想,人类每次伟大的创新背后必定有一个完善的创新体系,有一条长长的创新生态链。在人类史上,如果没有奇思异想的话,那么我们的生活就会变得枯燥无味。是什么让人发明了电脑多媒体?是什么让人发现了科学的定律?是什么让人类的文明越来越辉煌?是什么让世界越来越美好?是众多的奇思异想!所以,创造离不开奇思异想。

法国的一位生物学家曾说过:“构成我们学习最大障碍的是已知的东西,而不是未知的东西。”人只有大胆地去幻想,才能提出独到新奇的见解,而已知的东西,只能让人的大脑局限于所了解的,束缚了大胆的想象。据科学研究发现,一般人在日常生活中,只被动的用了大脑中15%的想象力。而科学家之所以具备丰富的想象力,就是因为这些人大脑中的想象区经常处于一种兴奋状态,善于构思,才创造出推进科学发展的新生事物。

牛顿说过:“没有大胆的猜想,就做不出伟大的发现。”也正是这样,所有的理想、荣誉、成就、都源于创新创造,而创新和创造首先都要依赖于想象力,正如一位名作家说的:人类一切创造性的活动,都是以想象为支柱的。作为在校的中学生,正处于智力发展日趋成熟的时期,创造性想象力发展速度很快,并善于将创造想象并与创造活动联系起来,这正是培养学生想象力的“黄金时期”。

驰骋想象，任理想展翅飞翔

人类的想象力是非常伟大的，这也正是与其他物种相比，人类能够飞速发展的根本原因。因为有了想象力，我们才能发现新的事物定理，创造出更多的物质财富。如果没有想象力，人类将不会有任何发展与进步，也不会有什么理想、目标。

爱迪生之所以有上千种发明，其根本原因就是他能保持一颗幻想之心；牛顿由一个苹果落地，而想到地球的万有引力这一重大发现，同样是因为有了想象力。我们人类的祖先，在很久以前过着茹毛饮血的生活，吃的全是生食。一次闪电烧毁了大片的森林和动物，饥饿难耐的人类祖先，为了填饱肚子，就跑来吃那些被大火烧熟的动物。竟然发现很好吃，所以我们的祖先就通过这些想到了怎样才能保留火种；怎样才能取暖；怎样才能利用火，之后又开始想象创造文字、语言等。能力的增加更加激起人类的想象力，开始了新的探索之路。

电话的发明者贝尔，年轻的时候就跟随父亲从事聋哑人的教学工作。后来，他成为美国波士顿大学教授，他在与别人发电报的过程中，萌发了利用电流将人的说话声音传向远方，使远隔千山万水的人如同对面交谈的念头。这个"奇思异想"在他脑中盘旋了很长时间。后来，一个偶然的机会，他实验室的一个弹簧粘到磁铁上了，他拉开弹簧时，弹簧发生了振动。据此原理，后来他发明了电话。

青少年朋友们常常看到伟人发明创造的神秘之处，却不知道许多伟人的伟大发明创造都是建立在想象的基础上的。其实，我们每个人身上都天然具有这些"想象"的潜能。创造是人的天性，只要我们具有良好的心态与勤于实践的习惯，就可能会有所发明创造。你们要养成善于观察、善于想象的习惯，让自己的理想在想象的天空里飞翔。

如果失去了想象，人类也无法进化。有人认为，想象力是"照亮开往未来的大道，调查通往未来的线索的指针，并对计划走此路线的人提供了最佳的指导方法。"因此，人的想象思维是走向理想之路的标码，只有尽情地发挥自己的想象，才能尽快地实现自己的心中之愿。

现今，绝大多数的青少年只知道埋头苦学，漫无目的地游荡着，随波逐流。只因为大家没有对未来的多样性想象，没有理想，只安于现状。倘若一个人具备了丰富的想象力，那么他就会比别人更早地进入为一个目的而奋斗的阶段，当别人还在始点徘徊的时候，他已经踏上了理想之路，怎能不比别人先实现理想呢？

第九章 用目标打开路，放飞青春的梦想

没有明确的目标，哪来的人生规划？哪来的尽头？怎么去放飞青春的梦想？

奥格·曼狄诺说："一颗种子可以孕育出一大片森林。"阿基米德说："给我一个支点，我可以撬起整个地球。"其实，杰出人士与平庸之辈的根本差别并不是天赋、机遇，而在于是否有目标。因为，成功是用目标的阶梯搭就的。如果你不清楚自己的方向，你的步伐就会很小，甚至是裹足不前。很多人每天过着千篇一律的生活，可从来不问自己："我这一生要干什么？"因为这些人缺少目标，缺少方向。

1.做个有志向的人，用目标为你开路

灵魂如果没有确定的目标，它就会丧失自己。

——法国·蒙田

一位名人说过，你必须首先确定自己想干什么，然后才能达到自己确定的目标。所以只有目标才会使你胸怀远大的抱负，才会在你失败时赋予你再去尝试的勇气，也只有目标才会使理想中的你与现实中的你相统一。

缺乏目标的人生毫无意义可言

一个人无论做什么事情，首先一定要先有自己的目标。而目标就是自己心灵的觉醒，只要你有足够的勇气和明确的目标，就可以成为全世界最有影响力的人。

成功者与平庸者的区别在于：成功者始终有一个明确的目标、清晰的方向，并且自信心十足，一往直前地走向前方；而平庸者却是终日浑浑噩噩、优柔寡断，迈不开决定性的一步。让我们来看一个小故事，或许你能从中得到一些帮助，找到属于自己的人生方向。

美国前总统罗斯福的夫人在年轻时从本宁顿学院毕业后，想在电讯业找一份工作，她的父亲就介绍她去拜访当时美国无线电公司的董事长萨尔洛夫将军。

萨尔洛夫将军非常热情地接待了她，随后问道："你想在这里干哪份工作呢？"

"随便，"她答道。

"我们这里没有叫'随便'的工作"，将军非常严肃地说道："成功的道路是由目标铺成的！"

所以，一个人只要有了明确的奋斗目标，也就产生了前进的动力。因而目标不仅是奋斗的方向，更是一种对自己的鞭策。有了目标，就有了热情，有了积极性，有了使命感和成就感。其实，没有奋斗的方向，就活得混混沌沌；准确地把握好自己的喜好和追求，是走向成功的第一步！

显然，成功者总是那些有目标的人，鲜花和荣誉从来不会降临到那些没有目标的人头上。许多人怀着羡慕、嫉妒的心情看待那些取得成功的人，总认为他们取得成功的原因是有外力相助，于是感叹自己运气不好。殊不知，成功者取得成功的主要原因，就是由于确立了明确的目标。

而目标会使你胸怀远大的抱负；目标在你失败时会赋予你再去尝试的勇气；目标会使你不断向前奋进；目标会给你前途；目标会使你避免倒退，不再为过去担忧；目标会使理想中的"我"与现实中的"我"统一。当别人问你"你是谁"时，你可以回答："我是能完成自己目标的人"。

有明确目标的人，会感到自己心里很踏实，生活得很充实，注意力也会神奇地集中起来，不再被许多繁杂的事所干扰，干什么事都显得成竹在胸。而相反，那些没有明确目标的人，总是感到心里空虚，思维乱成一团麻，分不清主次轻重。遇事犹豫不决，不知道自己该做什么，不该做什么。就像一艘轮船在大海中失去了方向，就会在海上打转，直到把燃料用完，仍然到达不了岸边。事实上，它所用掉的燃料，已足以使它来往于大海两岸好几次。

同样的道理，一个人如果没有明确的目标以及达到这些目标的明确计划，不管他如何努力工作，都像是一艘失去方向舵的轮船。如果一个人并未在心中确定他所希望的明确目标，那么，他又怎能知道他已经获得了成功呢？

青少年朋友们，一个缺乏目标的人生将是毫无意义可言的。没有目标的人生，就像一艘无人驾驶的小舟，漫无目的随风漂荡。确立了目标的人，在与人竞争时，就等于已经赢了一半。确立目标是成功的起点，所以，你们首先必须认识到“确立目标”的重要性。

找到目标，才能找到人生的方向

前美国财务顾问协会的总裁刘易斯·沃克曾接受一位记者采访，谈有关稳健投资计划的基础问题。他们聊了一会儿后，记者问道：“到底是什么因素使人无法成功？”

沃克回答：“模糊不清的目标。”记者请沃克进一步解释。他说：“我在几分钟前就问你，你的目标是什么？你说希望有一天可以拥有一栋山上的小屋，这就是一个模糊不清的目标。问题就在有一天不够明确，因为不够明确，成功的机会也就不大。”

而在现实生活中，有数以千计的人，他们共同的悲哀是：“我无法决定”。这真是人生最大的遗憾之一。因为，“无法决定”的背后是对“成功目标”缺乏信心，它将扼杀人的希望、自信、进取精神和未来成就。一旦你陷入犹豫不决、彷徨无助的境地时，便无法胸有成竹地向一个明确的目标迈进。

一个没有目标的人就像一艘没有舵的船，永远漂流不定，只会到达失望、失败和丧气的海滩。其实更多的时候，目标还是要靠自己选择。唯有自己才明白自己的特长和潜力所在，才最明白什么样的目标才会让你永久沉迷——而沉迷是迈向成功的重要心理保证。

你可曾想到，大多数人都是在没有明确目标或明确计划的情况下，完成了教育，找一个工作，或开始从事某一种行业。但许多人依然如无头苍蝇到处乱撞，找不到合适的工作。因为他们从一开始就没有确立明确的目标，所以到了“而立”之年乃至“不惑”之年，还在为找不到合适的工作而苦恼，人生始终处于失败状态。

就比如，你真的希望在山上买一间小屋，而你就必须先找出那座山，找出你想要的小屋现值，然后考虑通货膨胀，算出 5 年后这栋房子值多少钱；接着你必须决定，为了达到这个目标每个月存多少钱。如果你真的这么做，你可能在不久的将来就会拥有一栋山上的小屋，但如果你只是说说，梦想就不可能实现。梦想是愉快的，但没有配合实际行动的模糊梦想，则只是妄想而已。

为了明白目标的重要性，我们可以这样假设一场生死攸关的篮球冠军争夺战中的一个场景：

两支出色的球队在做了赛前的热身运动之后，返回到更衣室，教练给他们面授行动前最后的“机宜”下达最后的指示。他告诉队员：“队友们！这将是我们的最后一战，成败就在此一举，我们要么会青史留名，要么默默无闻，结果就取决于今晚！没有人会记得第二名！整个赛季的成败就在今晚！”

听到这里，队员们无不激动澎湃，热血沸腾。一个个像被打足气的皮球。当他们冲出门跑向球场时，几乎要把大门从框上扯下来。可当他们来到球场上时却愣住了。原来他们发现球篮不见了。

没有球篮，他们就没法知道比分，就无法知道他们的球是否命中，他们的比分是否多于对手。总之，没有投球的目标，他们就无法进行比赛。球门对于球类比赛相当重要，对吧，那你呢？你是否也在打一场没有球门的比赛？如果是这样，你的得分是多少。

所以，聪明的人，有理想、有追求、有上进心的人，一定都有一个明确的奋斗目标，他懂得自己活着是为了什么。因而，他的所有努力，都是围绕着一个目标所进行的，他知道自己怎么做是正确的、有用的，否则就是做了无用功，或者浪费了时间和生命。

在你们成长的道路上，只有确立了前进的目标，才会最大可能地发挥自己的潜力。只有在实现目标的过程中，你们才能够检验出自己的创造性，调动沉睡在心中的那些优异、独特的品质、才能锻炼自己、造就自己。

2.明确的目标让你精神十足

天才——首先是不知疲劳的、目标明确的劳动，在一定事物上集中注意力的能力。

——切列巴霍夫

在波浪滔天的大海中航行，假如没有灯塔的指引，就很有可能偏离航线或触礁沉没，无法到达理想中的彼岸；在茂密阴翳的原始森林中穿行，假如没有指南针的指引，也不会观察日月星辰，即使拥有强壮的身体，也很难走出森林；在漫漫的人生长路上，假如没有一个明确的人生目标，无论你多么努力，也不会取得任何成功，最终只能是一事无成。

做事之前,先定目标

世界顶尖潜能大师安东尼·罗宾曾这样说:“有什么样的目标,就有什么样的人生。”

当你给自己定下目标之后,目标就会在两个方面起作用:它是你生活的方向,也是对你人生的鞭策。目标给了你一个看得着的射击靶。在你一天天地实现自己定下的目标时,你会从心底里产生一种成就感和幸福感,从而更加努力地去追求。

有这样一个小故事:

三个工人在砌墙,有人走过来问他们在干什么。

甲没好气地说:“没看到我们在砌墙吗?”

乙说:“我们在建造一座雄伟的大楼。”

丙吹着快乐的口哨,高兴地说:“我们正在建设一座美丽的城市。”

十年后,甲还在工地上砌墙;乙成为了一名著名的建筑设计师;而丙这时已经是这个城市的市长了。

这个故事说明了目标明确的重要性,这个故事告诉人们有了明确的目标,才会有成就。明确的目标是前进的方向,明确的目标是人生的灯塔,人生若没有一个明确的目标,就像风筝断了线一样,不知道将要随风飘到哪里去。人生若没有明确的目标,他只能庸碌的过日子,只会与失败为伍。

如果一个人能对自己的能力进行正确的评价,再给自己设定一个切合实际的目标,一步一个脚印地走下去,取得成功并不是一件很困难的事。因为有了明确目标的指引,对于前进道路上的困难就会有心理准备,就能够接受任何挫折与失败,并不断地调整自己的心态,这不但有利于身心健康,而且也有助于事业的成功。

但是,需要注意的是,奋斗目标不应该好高骛远。目标要明确、具体,不能太笼统。目标还要适度,使自己能够承受。此外,所设目标要有一定的难度,有一定的挑战性,有相当的竞争性,同时也不能“可望而不可即”。不然,只会给人徒留笑柄。

要做个有成就的人,必须知道自己想成就的是什么,否则就会像在太平洋中驾船却没有带指南针一样,一会儿东,一会儿西,随风漂荡,虚掷一生,却哪儿也没去成。

明确的目标会让你精神十足地去面对前进道路上的一切困难，对于前方的艰难险阻,你会用百倍的信心去面对。有了明确的目标就会产生伟大的精神,有了伟大的精神,整个世界都会为你让路。

因此,青少年朋友一定要学会:不管做什么事,都要先有一个明确的目标。了解自己内心的需求,明确自己的人生方向,朝着目标不断地前进,方能到达理想的彼岸,方能收获人生的喜悦与幸福。

目标明确,前途无量

你是不是总在考试过后才发现有很多课程没来得及复习，你是不是打算早起锻炼身体结果却没有起来，你是不是打算去买件上衣结果却提了条裤子回来,你是不是总感觉学习成绩怎么也提不上去？亲爱的青少年朋友,你知道吗？这一切,源于你没有明确的人生目标。

翻开每一部成功人士的传记,循着每一个成功人士的足迹,你会发现,所有成功人士在青年时期都已经为自己树立了一个明确的人生目标。只要有了目标,就有了奋斗方向,才能把远大理想化为自觉的行动。如果没有目标,对于一个人来说等于什么事情也不会发生。

世界著名的石油大王约翰·洛克菲勒年轻时,也曾有过一段无聊彷徨的岁月。

有一次,他漫无目的地出了家门,随便搭乘了一位农民的马车。坐在马车上,这位农民问他要去哪里,约翰·洛克菲勒就引用惠特曼的诗句回答说:“我将去我喜欢的地方,让漫长的道路将我带到遥远的地方”。农民很惊讶了问了一句:“你竟然没有一个明确的目的地！”说完便停下了马车,将他赶了下来,并严厉的告诉他:“游手好闲之徒,你应当找份正当的职业,挣钱过日子。”

这位农民的话让洛克菲勒猛然醒悟,从此他立志干一番事业,做一个对社会有用的人。后来,经过多年奋斗,他终于凭借自己的聪明才智建立起一个庞大的石油帝国。在他晚年,还经常以这件事来教育自己的子孙——人生不能没有明确的目标。

是啊,人生不能没有明确的目标。没有明确目标的人生是残缺的人生,没有明确目标的人生是苍白无力的人生，没有明确目标的人生是注定要失败的人生。人生目标是你生命中的北极星,是你事业的灯塔,是你前进的动力。因此，在生活中，你若想取得成功，就一定要学会在做每件事之前，从制定明确的目标开始，那么，你的前途将会无限光明。

在1953年，耶鲁大学对毕业生进行了一次有关人生目标的调查。当被问及是否有清楚明确的人生目标并是否进行了详细的计划时，结果只有3%的学生作了肯定的回答。20年过去了，有关人员又对这些毕业生进行了一次跟踪调查，结果发现，那些有明确人生目标并为之制定了详细计划的3%的学生，要比其他97%的学生更有成就。

可见，目标在人生中起着多么重要的作用。目标给了我们生活的目的和意义。当然我们也可以没有目标的活着，但是要真正的活着，快乐的活着，我们就必须有生存的目标。伟大的艾德米勒·拜尔德说："没有目标，日子便会结束，像碎片般的消失。"

3.想到就要做到

世界上"没有做不到的事，只有想不到事"。虽然很多青少年都知道也明白这一句话，但是却很少有做得到的。在为自己确定人生目标的时候，他们不敢大胆地说出自己的想法，怕将来万一实现不了，被别人笑话；还有的学生连想都不敢想，只是把自己的理想保守的划定在一个很小的范围内。

放飞理想，才能飞得更高

放飞自己的理想，才能自由自在地在天空飞翔，才能飞得更高。人人都知道，有梦想就会有希望，只要你有勇气，只要你敢想，只要你去努力去奋斗，你所想的，总有一天会成为现实的。所以不论你是强者还是弱者，不论你是穷人还是富人，只有先行一步，不断地努力，超越他人，才能在这个社会上求得生存。拥有超前的思维，开阔的眼界，树立明确的目标，然后朝着这个目标前进，才能在激烈的竞争中成为强者。

战国时期魏国商人白圭，立下要成为"商业经营的思想家"的大志，并在魏国做官的时候，就在政治上提出了"二十取一"税制。最后成为封建时代一位有名的商人、经济谋略家和理财家。并被世代商人尊称为"治生之祖"，也就是商人的祖师爷，并供奉至今。立志，对于事业的成败至关重要。没有志向就没有目标，没有目标则不能获得事业的成功。俗话说"有志者事竟成"，便是人类在创造世界的实践中总结出来的真理。

拿破仑曾经说过："在我的字典里，没有'不可能'这几个字。世界上所有的计划、目标和成就，都是经过思考后的产物。你的思考能力，是你唯一能完全控制的东西，你可以用智慧或愚蠢的方式运用你的思想，但无论你如何运用它，它都会显示出一定的力量。"所以，你们一定要敢于放飞自己的梦想，所谓梦想是人得以成功的导航器，梦想有多远，幸福就有多长。

一个人的思想是一块富饶的土地，你可以让它变成收获硕果的良田，也可以任它成为杂草丛生的荒地——全看你是否在进行有计划的辛勤耕耘。理想是美好的，奋斗更是非常重要的。要实现理想就必须要付出劳动，付出辛苦。无论到什么时候，都不要关了自己梦想的大门。要坚信自己的理想终有一天会成为现实，所以为了实现由平凡走向卓越的梦想，努力奋斗吧！

想到 做到 成功

想到，才有可能做到；如果想都不敢想，何谈做到？青少年要想在未来的人生中有一番作为，就一定要敢想，并且敢做，惟其如此，才能从平凡走向卓越，进而出类拔萃。

有两个盲人，一胖一瘦，都是在街头拉二胡卖艺为生。他们每天都要辛勤地拉二胡，为此过一段时间他们就不得不再去购置一把新的二胡。为了节约开支，他们摸索着购置一些材料自己制作二胡。但因为制作二胡音膜的材料价格年年升高，两人都想到能不能用其他一种材料来代替传统的蟒蛇皮。胖艺人想想，感觉难度颇大并没有付诸行动。瘦艺人则不然，凭着"想到就要做到！"的坚定信念，他寻找了多种替代材料，进行了无数次实验，功夫不负苦心人，他终于找到了一种可以代替蟒皮的材料，那就是装饮料的塑料瓶子，瓶子经过软化、添加等多项复杂工艺，就能使用。

经过三年之久的研制，一种"环保型"二胡在这位盲人的手下诞生了。由于眼睛看不见，可想而知盲人所遇到的困难是常人难以想象的，在试验过程中，他的双手被烫伤无数次。可喜的是盲人所发现的这种经过特殊处理的塑料音膜的音色与蟒蛇皮音膜比起来没有丝毫的逊色之处，相反还使得制作二胡的成本降了一半。乐器制造厂商发现了这项技术后，就出重金购买了下来。于是，瘦艺人凭着独有的技术而入了股，成为重要的股东之一，彻底地告别了卖艺生涯，生活水平大幅度提高。而当年的同伴胖盲人，如今还在街头辛苦地拉着二胡，拉坏了再去买新的，日复一日。

有困难，就认为自己做不到，总想着等到有百分之百把握时才行动，这样不但不能达到目标，反而还会陷入行动前的永远等待中。世界上的事没有做不到，只有想不到。想法只有化作行动，才有达成愿望的可能，否则想法永远是想法。人人都有成功的梦想，但成功的却很少，为什么？就是因为他们在遇到困难时就放弃了梦想，而最初美好的构想慢慢也就变得迟钝了，褪色了。所以，你不可能等到所有条件都成熟后再行动，如果是那样，你将错过永远最佳的时机，也将不再有机会了。

青少年要做一个成功者，首先就要做别人做不到的事情，要做别人不想做的事情，要做别人不敢做的事情！重要的是，你们一定要充分的相信自己，这个世上没有做不到的事，只有你不想去做的事。如果在你的大脑里能时刻记住：没有做不到，只有想不到的。那么，无论多高的理想，你都能很快实现。

4.不要轻易说"放弃"

英国首相丘吉尔在第二次世界大战胜利后，应邀在剑桥大学毕业典礼上做一次致辞。这是丘吉尔历史上最短的一次演讲，也是最脍炙人口的一次演讲。经过隆重的介绍之后，丘吉尔走上讲台，以独特的风范开口说："永远，永远，永远不要放弃。"接着又是长长的沉默，他又一次强调"永远，永远，永远不要放弃。"他又注视观众片刻，然后回座。是的，永远，永远，不要放弃。如果做任何事都半途而废的话，最简单的事也不可能完成。在最困难的时候，要坚信：沙漠尽头必是绿洲，坚持到底才能胜利。

青少年的生活经验和社会经验都不是很丰富，因此在做事的过程中难免会遇到各种各样的困难。面对这种情况，一定不要轻言放弃，一定要坚持下去。要明白，所谓的成功者，都是那些坚持到最后一刻、迈出了最后一步的人。

坚持不懈，你就能赢

古语云："行百里者半九十。"就是说成功需要坚持不懈、坚忍不拔，否则就会半途而废。许多人正是因为没能坚持到最后一刻，在离目标半步之遥时停住了脚步，与成功擦肩而过。罗曼·罗兰曾说过："坚持不懈是人生成就的一个关键所在。”是的，一个人无论在做什么事情的时候，都需要有一种坚持不懈的精神，坚持不懈会让一个人拥有更大的力量，就像插上一根强健的生命飞翔的羽翼，让你飞得更高，飞得更远。

阳光灿烂的一天，两只猎豹商定结伴出去捕捉猎物，以便把饿了一天的肚子填饱。还没寻觅多久，一只羚羊就出现在了他们的视线里，两只猎豹如获珍宝般的穷追不舍，可是羚羊跑得很快，追了很久也没有追上。就在他们有些力所不支时，前面突然出现了一头野牛，其中一只猎豹决定放弃追羚羊，转而去追野牛，它说：“要是能够追上野牛，并咬死它的话，那可是够我们吃上一阵的了。”另一只猎豹摇摇头劝它说：“咱们追羚羊这么久了，羚羊肯定和我们一样累。只要咱们再坚持一会儿，肯定能追上的。”想追野牛的猎豹根本就听不进去，执意要去追野牛。最后，追倒是追上了，可野牛也并不是好惹的，与野牛的打斗中猎豹显然处于劣势，几个回合下来依旧没有得一点上风，无奈之下只好垂头丧气地饿着肚子回来了。而那只追羚羊的猎豹很快就把羚羊追上，美美地吃了一顿。

两只猎豹同追羚羊，一只坚持不懈，最后美餐了一顿。而另一只半途而废，改追野牛，结果两手空空。这种结局也是我们意料之中的！

同样是两只猎豹，却是不一样的结局。世上事情就是这么简单，只要你再坚持一下，就能迈向成功。成功者与失败者的区别，只在于多坚持了一下。法国启蒙思想家布封曾说过：“天才就是长期的坚持不懈。”的确，无论干什么事，坚持不懈的毅力和持之以恒的精神都是必不可少的。

想象一下，如果自己正处在一处悬崖边上，此时只有一块岩石支撑着整个身体，要想安全地脱身，你能做的就只有拼尽全力紧紧地抓住这块岩石，借着这块岩石往上爬。在这个千钧一发的时刻，只要稍有松懈，或者哪怕有放松念头儿，就有可能会摔得粉身碎骨。所以，当困难绊住你前进脚步的时候，当失败挫伤你进取雄心的时候，当包袱压得你喘不过气的时候，不要退缩，不要放弃，不要裹足不前，因为成功是属于坚持不懈、持之以恒的人，要相信坚持就能成功。

不要轻易说“放弃”

从古至今，有许许多多平庸者成功和聪明人失败的事迹，这的确是一个令人惊奇的现象。但是，详细的分析一下就不难发现，这个现象的原因在于，那些看似愚钝的人有一种顽强的毅力，有一种不屈不挠的精神，一种在任何情况下都坚如磐石的决心，一种对目标的执著精神，一种从不受任何诱惑、不偏离自己既定目标的能力，一种从不放弃的精神；而那些聪明却不坚定的人，往往没有一个明确的目的，四处出击，结果分散精力，浪费才华。不能坚持下去就是他们不能成功的重要原因之一。

享誉全球的松下幸之助是日本著名的企业家，被称为日本的“经营之神”。日本松下电器公司的总裁松下幸之助年轻的时候，家庭十分的贫困，一家人全靠他来养活。

为了一家人的生计，瘦弱矮小的松下到一家电器厂去谋职。他走进这家工厂的人事部，向一位负责人说明了来意，并请求给他安排一个工作，哪怕是最低下的工作也可以。这位负责人看到松下人又瘦又小，衣服肮脏，觉得他不是合适的人选，但又不能直接说，于是就找了一个理由：“我们现在暂时不需要人，你一个月以后再来看看吧。”

这原本是那个人的一个托词，没想到松下当真了，一个月后松下又来了，那位负责人又推托说过几天再说吧。几天之后，松下又来了，这样反复了多次，这位负责人也有点烦了，干脆说出了真正的理由：“你这样脏兮兮的是进不了我们工厂的。”然后，松下回去借了一些钱，买了一身整齐的衣服穿上再次来到电器厂。

这个人一看实在没有办法，便告诉松下说：“关于电器方面的知识你知道得太少了，我们不能要你。”两个月后，松下一又次来到这家企业，说：“我已经学了不少有关电器方面的知识，你看我哪方面还有差距，我一项一项来弥补。”

这位负责人盯着他看了半天，被松下的执著而感动了，说：“我干这一行几十年了，还是第一次遇到像你这样来找工作的，我真佩服你的耐心和韧性。”最终那位主管答应让他进工厂工作。

不轻易放弃的精神成就了松下幸之助辉煌的人生。一个人在做事时能否不达目的不罢休，是测验一个人品格的一种标准，“永不放弃”是最难能可贵的一种德性。许多人都乐于跟随大众向前，在情形顺利时肯努力奋斗，这并不难做到；但是在大众都选择退出、向后掉转，而剩下他自己孤军奋战时，仍然能够坚持着不放手，这就难能可贵了。这需要恒心，需要意志。

每个青少年都想在自己的人生中取得辉煌成就，成为一名成功人士，而首先要做的就是，问问自己："我的毅力有多大，我有恒心与意志力吗？我能在失败之后仍然坚持而不放弃吗？我能倒下了再站起来吗？我能不能在遭遇艰难险阻时仍然前进呢？"如果这些你们都具备了，那么，只要你努力，成功就不再遥远。

青少年朋友，在学习上，在成功的道路上，你遇到困难时，要怎么做呢？只要坚信选择的道路是正确的，就一定要坚持下去。

5.极强的目标感，让你获得成功

赢得好射手的美名，并非由于他的弓箭，而是由于他的目标。

——莉莱

人的大脑发育水平，对于每一个人来说，基本是平等的，除去那些天生的神童和天才以外，这个世界上没有谁比谁聪明得多。在现实生活中，却有很多看起来很聪明，但就是学习老赶不上去的学生，其主要的原因就是：目标感不强。

目标感不强的同学，做事虎头蛇尾，不能坚持，最终一事无成，就像脚踩着西瓜皮，滑到哪儿算哪儿。而目标感恰恰是情商中最核心的因素，有了目标的人，不管前面的路有多崎岖，多曲折，他都会一往无前。有很多没有目标感或者是目标感不强的学生，往往没有那些目标感强的学生进步的快。

目标感不强最容易失败

一个目标感不强的人，是不会在成功的路上走到头的。有人说：两个以上的目标就等于没有目标。可见，目标是一个专注的东西，目标只有一个。

20世纪40年代，有一个年轻人，先后在慕尼黑和巴黎的美术学校学习画画。二战结束以后，他就靠卖画来维持生计。

一天，他的一幅未署名的画被一个人误认为是毕加索的画而买走了。经过这件事以后，他想，我何不去模仿毕加索呢。此后，他一模仿就是20年。

20多年以后，他一个人来到西班牙的一个小岛上，他想有一个家，让自己安顿下来。有一天，他再一次地拿起了他的画笔，画了一些风景画和肖像画，并署上自己的姓名出售。但是，他的画过于感伤，主题也不明确，没有得到他人的认可。更不幸的是，当局查出他就是那位躲在幕后的假画制造者，考虑到他是一个流亡者，所以没有判他永久的驱逐，而给了他两个月的监禁。

这个人就是埃尔米尔·霍里。不可否认的是，埃尔米尔在画画方面有独特的天赋和才华，但是，他由于没有找准自己的方向，没有找到自己的目标，没有强烈的目标感，终于陷进泥沼，不能自拔，并终究难逃败露的结局。最令人可惜的是，他长时间地在模仿别人的画，以至于让自己丢了最宝贵的思想，渐渐迷失了自己，再也画不出属于自己的作品了。

究其落魄的原因，可以说是他目标感不强，错把别人的目标当成了自己的目标，所以，最终他难逃失败的结果。

朝着一个目标走，你就会成功

罗曼·罗兰说："人生最可怕的敌人，就是没有明确的目标。"但是，有了明确的目标之后，还要有极强的目标感，坚持不懈地走下去。目标是一个路牌，在迷路时为你指明方向；目标是一盏明灯，照亮了属于你的生命；目标是一方罗盘，给你导引人生的航向；目标是一支火把，它能燃烧每个人的潜能，牵引着你飞向梦想的天空。的确，目标是你追求的梦想，目标是成功的希望。失去了目标，你便失去了方向，失去了一切。

当你定下一个目标时，接下来就要努力让自己朝着一个目标走，无论发生什么样的困难，都不要放弃。也许在开始的时候，你会感觉到有压力，感觉力不从心，没关系，只要坚持下去，成功就在下一个转角等你。

在一座山村里，有一匹马和一头驴子，它们是好朋友，马在外面拉东西，驴子在屋里推磨。有一天，马被主人选中要出远门做生意。

转眼间，10 年过去了。10 年之后，这匹马驮着一车车的物品回到家中，它重到磨坊会见驴子朋友。老马谈起这次旅途的经历：浩瀚无边的沙漠，高入云霄的山岭，凌峰的冰雪，热海的波澜……那些神话般的境界，使驴子听了极为惊异。驴子惊叹道："你有多么丰富的见闻啊！那么遥远的道路，我连想都不敢想。"老马说："其实，我们跨过的距离是大体相等的，当我向远方前行的时候，你一步也没停止。不同的是，我和主人有一个目标，这 10 年来，按照始终如一的方向前进，所以，就打开了一个新的世界。而你，这 10 年来一直在磨盘旁边打转，因此，就永远也走不出这间屋子。"

在生活中也是如此，对于青少年朋友来说，没有极强的目标感，将意味着只能收获年龄的成长，收获不了心智上的成长。如果你想成为一个对社会有用的人，如果你想成为一个自己理想中的人，那么，你必须要有一个明确的目标，并拥有极强的目标感，以此作为自己生活中的核心目标，那么，它可以成为你人生中的“北斗星”。

在日常生活中，这样的同学是否也在你的身边存在呢？在考试之前，有同学就跃跃欲试的说，这次考试我要进步多少名；有同学说我要提高多少多少分；有同学说我一定要拿第几名……他们的目标清楚，方向明确，可结果呢，却不一定是人人都可以达到目标。

这里，主要原因就是：他们没有极强的目标感。一个没有极强目标感的人，就不会有切实的行动，或者是行动不连续，最终目标只是成为一种口号，挂在嘴上或者墙上而已。

所以，你们在学习的过程中，一定要切忌浮躁，踏踏实实地选择自己的目标，让自己成为一个有着极强目标感的人，在实现目标的过程中，把自己打造成一个各方面都很优秀的青少年，为自己的将来打好最坚实的基础。

总之，成功是每个人的追求和向往，但这需要极强的目标感作为后盾，再加上自己的坚持不懈地奋斗，相信人人都可以成功。因此，你们要拥有一个极强目标感的心态，让自己离成功更近一步。

6.让行动成就远大的目标

伟大的思想只有付诸行动才能成为壮举。

——威·赫兹里特

有个伟人曾这样说过：不要做思想的巨人，行动的矮子。意思就是说：人，要有伟大的思想，然后还要有脚踏实地的行动。不然的话，那思想也就成了幻想，幻想最终会成为美丽的泡沫，风一吹就散了。

现代的青少年有理想、有梦想、有远大的目标，固然是好现象，但是，行动对于你们来说，更是重中之重。所有理想与梦想，所有目标的实现，和行动是分不开的。没有行动，一切都是空谈。

行动是一切结果之源

纵观成功者的一生，他们每个人都是行动上的巨人。成功者凡事都立即行动,因为他凡事立即行动,所以他成功,不管事情如何,想到了就去做,计划好了就行动,做失败了总比不做好。亲爱的中学生朋友,看到这里,你想做什么?就去做吧!去做一个简单的行动,养成凡事不拖延的习惯,从什么时候开始?现在,现在看到这里时,第一秒就去行动。因为,行动是一切结果之源。

有这样一个寓言故事:一个很落魄的青年,每天都去教堂向上帝祈祷,每次的祈祷词都相同。第一次,他来到上帝面前,跪在那里虔诚地低语:“上帝啊,请念在我多年敬畏您的份上,让我中一次彩票吧!”

这样一连数天,他一次又一次地走进教堂,垂头丧气地同样跪着祈祷:“上帝啊,为何不让我中彩票呢?请您让我中一次彩票吧!”

又过了几天,他再次去教堂,同样重复着说:“我的上帝,为何您听不到我的祈求?让我中彩票吧!只要一次就够了。”

就在这时,天空中突然发出一个洪亮的声音:“我一直在聆听你的祷告,可是,最起码你也应该去买一张彩票吧!”

看过这个故事之后,你们也许会为之一笑,可笑过之后,也请大家想一想,思考一下。有时,我们是不是也在做着同样的事情呢?每一件事通常到了不得已的时候,人才愿意行动,但到时候都已来不及了,已预示着一个失败者的诞生。

这个故事告诉我们:一旦有了梦想,就必须用行动去实现梦想。如果有梦想而没有努力,有愿望而不能拿出行动来实现愿望,这是不足以成事的。只有下定决心,历经学习、奋斗、成长这些不断的行动,才有资格摘下成功的甜美的果实。

作为21世纪的青少年,你是否选择了磨炼人意志的暴风雨?是选择做明亮的不锈钢,还是要做角落里生锈的破铜烂铁?是选择做勇敢无畏的白杨,还是要做顺风而倒的墙头草?是选择做刚强明亮的金刚石,还是要做那乌黑软弱的石墨。没有行动,就不会有美好的未来;没有行动,就不会有多彩的人生。

行动是一切结果之源。人生的道路没有一帆风顺,人生的道路总布满着坎坷与荆棘。但是,只要你有目标,只要你有为目标奋斗的切实行动,那么,你一定会收获一个有行动的结果。

成功始于心动，成于行动

人生要靠理想去支撑，但成功的道路是要用行动去铺就的。

行动是成功的阶梯，没有行动自然不会有成功，而行动越多自然会获取更多，也就是登上更多的阶梯，即登得越高。大家都知道“千里之行，始于足下”这句话，可是真的踏下这一步时，却常常忘了提醒并鼓励自己拿出行动的这一点。要知道：一张地图，不论它多么详尽，比例多么精确，它永远不可能带着它的主人在地面上移动半步。任何宝典，永远不可能从它的字里行间就能倾倒出财富。只有行动才能使地图、宝典、梦想、计划、目标具有现实意义。行动，像食物和水一样，能滋润自己，使自己成功。

记住：你过去是什么样的行为，并不表示未来也须继续下去，如果你想改变目前的状态，就要现在拿出点行动来。

要记住萤火虫的启迪：只有振动翅膀的时候，才能发出光芒。要成为一只萤火虫，努力张开奋进的翅膀，让光照亮大地。成功是用自己双脚踩出一条属于自己的路，路要自己去踩，自己不走，叫别人走，走出来的路不属于你；跟在别人后面走，其实是替别人走路。用自己的双脚踩出一条路来，才叫成功。流自己的汗，吃自己的饭，走自己的路，采自己的果。将自己的目标付诸自己的行动。

陈凯是一个初二的学生，有一段时间，他的数学成绩始终提高不上去。后来，他就在思考为什么，找出原因之后，他给自己定出了一个目标计划，每天做多少习题，每天预习多少功课，每天将不同的类型的题目练习一遍……就这样，他每天都给自己计划，每天都去行动，到了月底测试时，他的数学成绩又回到原来的 90 多分。

你们要明白：不要去羡慕别人的果，要去寻他身后的因。这样，才会对我们的成长有帮助。“今日事，今日毕。”永远不要把今天应该解决的事情留给明天，每天让自己行动，每天给自己一个交代，你何愁学习不会提高，何愁学校不能考上？

立刻行动，立刻行动，立刻行动！从现在开始，要学会一遍又一遍，每时每刻重复这句话，直到成为习惯。好比呼吸一般，好比眨眼一样，成为一种条件反射。有了这句话，你就能调整自己的情绪，去迎接和挑战失败。行动也许不会结出快乐的果实，但是没有行动，所有的果实都无法收获。

要努力就要从现在开始,无限风光就会在眼前!从现在开始努力,并时刻告诫自己:决不可坐以待毙,守株待兔。因为大好的机遇,从来都垂青懂得珍惜生命和把握现在的人,用脚踏实地的行动走出一条属于自己的不寻常路!

7.要知道自己人生的航向

要想达到目的,首先确定方向。

——卡尔·弗雷德里克

青少年是新世纪的栋梁,是祖国的未来。在自己的人生中,你们希望扮演什么样的角色呢?是被动的由他人安排?还是自主的选择自己的人生?知道自己将驶向哪里,生活就是你的天堂,让你从容自信;知道自己驶向何方,生活就是你的快马,让你快意纵横。

明白自己的目的是什么,知道自己驶向哪里,是人生奋斗的前提,方向决定了你的命运,影响着你的前途。

人生最大遗憾是不知道自己驶向哪里

在人生的旅程中,如果不知道自己将要驶向哪个港口,那么,对他来说,也就无所谓顺风或者是逆风了。没有方向、没有计划的生活叫做碌碌无为,停滞的思想只会让你面临着被淘汰,不知道自己驶向何方,你永远只在原地踏步。

人生最大的遗憾就是没有方向,不知道自己将会驶向哪里,这是一件很可悲的事。作为一名有志向的中学生,在人生的十字路口,要懂得去寻找自己的方向,学会自己去选择自己的方向,确定人生航程的方向。这样,在上路的时候,你才不会害怕暴风雨的袭击,因为你知道自己将会驶向哪里,你就会有足够的勇气去面对航程中的一切艰难险阻。

有这样一个寓言故事。说的是在茫茫的渤海中有一条鱼,这条鱼逆流而行,它冲过海滩,划过激流,穿过湖泊中层层渔网,躲过深海中无数水鸟的追逐,拼命地往上游。它不停的游,穿过山间的小溪,挤过浅滩的乱石,避过所有的暗礁,克服了所有看起来不可能克服的困难,在一天的早上,它游到了唐古拉山脉。

然而,还没来得及在这条山脉跳跃一下,还没来得及在这水中畅游一番,还没来得及品尝这清泉的甘甜,还没来得及欢呼一声,它瞬间就被结成了冰。

多年以后的某一天,一支登山队发现了这条鱼,它还保持着向上游的姿势。队员们看出它是来自渤海中的一条鱼,都被它的不屈精神所感动,所折服,无一不赞叹它的勇敢与无畏。其中的一位老人却说:它固然勇敢,却只有伟大的精神,没有伟大的方向。

如果一个人不知道自己驶向哪个码头,无论什么风都不会是顺风;如果一个人不知道自己驶向哪个方向,无论到达哪里都不知道为什么来此。

处于青春期的你们,正是应该确定自己人生航向的时候,在人生的航程中,一定要弄明白自己将要行驶的方向与目的。一个人要知道自己想要什么,要清楚自己的目标是什么,如果想要的东西太多,或者没有清晰的目标,就像走在一个十字路口,左右为难、徘徊不定,于是乎,轻者彷徨、烦恼;重者挣扎、痛苦,备受煎熬。其次,人生虽有顺境、逆境之分,但境遇并非完全由上天决定,自己做出选择的那一刹或许已经决定未来的旅程是一帆风顺还是逆势而行。因此,明白自己驶向何方,是生命征途中很重要的一件事。

清楚知道自己的方向

人生就是让自己的目标一个一个变成现实的过程,当一天和尚撞一天钟,得过且过的日子是庸者的生活。人生要有目标,要不断努力,当你找到自己的目标并一直努力地向前跑,相信每个人都可以发光发亮。

人生道路虽然蜿蜒曲折,还有很多的岔道,但是放眼望去,叉道上似乎有美妙的风景,你或许会踌躇,该走哪条路。要走好人生之路,就要选对路,而很关键的,是要找准方向,清楚知道自己的方向在哪里。

有一则寓言是这样的:在非洲大草原上,夕阳西下,这时,一头狮子在沉思,明天当太阳升起,我要奔跑,以追上跑得最快的羚羊;此时,一只羚羊也在沉思,明天当太阳升起,我要奔跑,以逃脱跑得最快的狮子。虽然狮子知道羚羊有着一对飞快的腿,但它有自己的方向;虽然羚羊知道总有有一天被狮子吃掉的可能,但它也有自己的方向。在生活中,亦是如此,无论你是狮子或是羚羊,当太阳升起,你要做的,就是奔跑!

你不见向日葵总是朝着太阳吗?当太阳刚从山头露出笑脸时,伴着清风的吹拂,伴着鸟儿的歌唱,向日葵将头抬起,花盘朝着太阳。当太阳从天空的东边移到西边时，向日葵的花盘也从东边转向西边。在其间，不管是有蚂蚁的拜访，还是有蝴蝶的问候，它都不会因此而停留片刻，它心系的是太阳，因为，太阳是它的方向。

你不见大雁总是朝着南方飞翔吗？当秋日渐来，伴着秋日凉爽的风，伴着枯叶悠悠的落下，大雁起程了，在广袤的蓝天下，它们或许会变换队形，或许会发出在山谷回荡的鸣叫，但是，它们的方向始终是一个，那就是南方，它们永远坚持这个方向。在其间，它们不会因为落叶的飘零或是秋天的凉意而折回，它们不会因为在旅行中遇到危险而停留，它们执著地向着南方飞翔，因为，那里是它们的方向。

向日葵朝着太阳生长，追随太阳的方向，这样才能获得最多的阳光，让自己成长的更加高大；大雁朝着南方，坚持不懈的飞翔，这样才能帮助它们度过严寒的冬季，让自己得以生生不息。无论是向日葵还是南飞的大雁，它们都选对了自己的方向，知道自己驶向哪里。

人，也要找准自己的方向，若迷失了方向，纵有再多的热情与努力，结果也不是自己想得到的。法国的拿破仑进行的早期战争是为了保卫法国，所以，他取得很大成果，推动了法国的历史车轮向前进，因为他找准了方向。后来他的勃勃野心使他变成了一个疯子，肆意侵略，导致了他的失败，因为他迷失了方向。

人生的道路有千条，选择哪一条道路决定了你的人生航向，不管哪一条道路，你都要给自己找一个正确的方向，沿着这个方向努力地走下去。只有知道自己驶向哪里，找到方向，你才有可能找到希望，找到成功。

“你我相逢在黑暗的海上，你有你的，我有我的，方向。”亲爱的中学生朋友，不管你选择了哪个方向，但希望你知道自己将会驶向哪里。

8.时常给自己树立理想

成功与失败的最大分野，来自不同的习惯。好习惯是开启成功的钥匙，坏习惯则是一扇向失败敞开的门！

——奥格·曼狄诺

世界著名心理学家威廉·詹姆士说：播下一个行动，收获一种习惯；播下一种习惯，收获一种性格；播下一种性格，收获一种命运！由此可见，好的习惯是十分重要的,它可以让人的一生发生重大变化。满身恶习的人,是成不了大气候的,唯有有好习惯的人,才能实现自己的远大目标。因此,青少年朋友应该养成树立远大目标的习惯。

养成树立远大目标的习惯

俗话说“无志者常立志、有志者立志长”。作为一个有志的中学生,应当早一点确定自己的人生目标,且不要轻易变来变去。立志要远大,量体裁衣的相对远大。古语说:“取法其上得乎其中,取法其中得乎其下”,“确立的目标越高,达到的境界越高”。哈佛毕业生成功率追踪研究结论之一是:有无远大目标,结果很不一样。一个人、一个组织或者一个国家,都应当有远大目标。

查理·斯瓦布是一个小时候生活在宾夕法尼亚的山村里的孩子,那里的环境非常艰苦,而他也只受过短短几年教育。从 15 岁起,他就孤身一人在宾夕法尼亚的一个山村里赶马车谋求生路。过了两个春夏,他在钢铁公司谋得了另外一份工作,虽然每周只有 3 美元的报酬,可是,在工作期间他每次都把工作做到最好。皇天不负有心人,很快他就成了卡内基钢铁公司的一名正式员工,日薪 1 美元。又过了没多久,他就升为了技师;慢慢地,他升任总工程师;5 个春夏秋冬过去了,他成了卡内基钢铁公司的兼任总经理。

他这一步步走来的历程,证明了他有能力来承担任务,同时,这也与他的习惯有关。当他还是钢铁公司一名微不足道的工人时,就暗暗下定决心:“总有一天我要做到高层管理,我一定要做出成绩来给老板看,使他自动来提升我。我不去计较薪水,我要拼命工作,做到最好,使我的工作价值远远超过我的薪水。”

因此,他在公司的地位每每提高一步时,总是以公司中最优秀的人作为下一个目标。他没有在受规则约束的时候向身边的人抱怨,他也没有每天做着白日梦等待着奇迹的出现。他深知一个人只要有远大的目标与志向,并肯努力为之去奋斗,尽力让自己做到最好,就一定可以实现自己的梦想。

立了大志,人生就发生了变化,最大的变化是人源源不断释放出精神动力,精神动力就像潜藏在人心中的宝藏。远大的志向是挖掘宝藏的金钥匙,能够释放出精神动力的人才能成就一番伟业。

查理·斯瓦布就是凭借这样一个简单的想法,这样一个小小的习惯,短短的5年之内造就了他的辉煌人生。对于处在学习阶段的中学生朋友来说，这个时期是树立人生方向的大好时期，世界上很多伟人的志向都是在小时候就确立的。有了远大的目标，你就会慢慢养成一种为这个目标奋斗的习惯，养成一种为目标奋斗的习惯之后，你就会一步步地实现这个目标，最后达到成功。

远大的目标能激励你一生

在生活中，立下大志的人，心中都有一个高标准，他的一生都会在这个远大的目标激励下行动。那个标准就像他人生旅程中的灯塔一样，当在现实生活中遇到困难挫折时，灯塔之光就会给他希望和力量，让他勇敢地、坚持不懈地走下去。当他在生活中取得成绩时，灯塔之光又会是一个警示，提醒他离目标还很远，一刻都不要松懈。

在成语词典中，还有这样一个成语——胸无大志。胸无大志的人是受人鄙视的，因为胸无大志，他对自己的要求就会低，努力就会被淡化，人本应有的能量就无法发挥。人无志不立，一个胸无大志的人浪费的是自己的天赋，让本该精彩的人生变得黯淡无光，这是人生的一天憾事。

远大的目标能让你的人生更有价值。在学习的过程当中，如果你觉得自己的目标并不重要时，就会认为对目标所付出的努力没有什么价值。如果你觉得自己的目标很重要，情况就会相反。因此，中学生朋友必须把目标建立在自己的理想上，如果你的各个目标组成了你所珍视的理想，那么你就会觉得为之付出的努力是有价值的。

英国有一个女性游泳爱好者，在一个浓雾的天气里，她要挑战横渡一个海峡。当她跳进水中的一刹那，海水冰冷刺骨，身边还不时地有鲨鱼出现。她身边的护卫人员帮她赶走了鲨鱼，她则一直不停地向前游去。

就这样一直游了15个小时，她眼前的景象和刚下水一样，除了一片浓雾之外，什么也看不见，她终于坚持不住了，要求身边的人员将她拉上船去。到了船上，休息过后，她非常后悔自己的举动，因为她发现她上船的地方，离海峡不足半英里。

事后她说："我不是给自己找借口，是因为天气问题，我看不见目标还有多远，所以才让我丧失了坚持下去的勇气。如果天气好点，我可以看见海峡，我一定会游过去的。"

远大的目标能让你产生战胜一切的动力。明确的、具体的目标是你努力的依据,是一个看得见摸得着的射击靶。欧尔·奈丁盖尔说:“要谋求幸福,我们的人生就不能没有一个远大目标。”意思也就是说,没有远大目标的人,即使有巨大的能力,也还是很取得巨大的成功。

远大的目标能使你把握现在。希拉尔·贝洛克说:“目标是朝向将来的,是有待将来实现的,但目标使我们能把握住现在。”任何伟大目标的实现,依靠的都是一个个小目标的实现,一连串小目标的实现,最终才会实现远大的目标,因为远大的目标是一个个小目标堆砌而成的。中学生朋友要知道:你现在的种种努力都是为实现将来的目标铺路,如果你能集中精力于现在的学习,那么你就能成功。

一个立下远大目标的人,一定是一个在人生路上挥洒豪情释放激情的人,他敢说敢想敢做,为着人生的目标不遗余力、无怨无悔。在这样的生命旅程中,一个生命喷薄而出,成为一道光,照亮了一群人,成为那一群人的标杆,成为他们心中的志向,吸引他们紧紧跟随。

因此,青少年朋友要树立远大高尚的志向,让远大高尚的志向支撑起自己的人生,做一个于自身于社会于国家有益的人。